La otra orilla

Coleccionistas de polvos raros

Pilar Quintana

Coleccionistas de polvos raros

Grupo Editorial Norma
www.norma.com
Bogotá Barcelona Buenos Aires Caracas
Guatemala Lima México Panamá Quito San José
San Juan San Salvador Santiago de Chile Santo Domingo

Quintana Villalobos, Pilar, 1972-
   Coleccionistas de polvos raros / Pilar Quintana
Villalobos. -- Bogotá : Grupo Editorial Norma, 2007.
   240 p. ; 22 cm. -- (Colección la otra orilla)
   ISBN 978-958-04-9869-8
   1. Novela colombiana 2. Novela amorosa colombiana
3. Narcotraficantes - Novela I. Tít. II. Serie.
Co863.6 cd 21 ed.
A1103226

     CEP-Banco de la República-Biblioteca Luis Ángel Arango

Diseño de colección: Jordi Martínez
Ilustración de cubierta: Alfonso Pérez Acosta
Armada: Nohora E. Betancourt Vargas

CC 72058
ISBN 978-958-04-9869-8

Impreso por Cargraphics S.A. Red de Impresión digital
Impreso en Colombia-*Printed in Colombia*
Impresión, enero de 2007

Este libro se compuso en caracteres Adobe Garamond

Gracias a mi editor y a Antonio García por sus observaciones.
Gracias a mi hermana, su esposo y Manuela por su apoyo.
Gracias a mi mamá y a mi esposo por todo.

Button your lip. Don't let the shield slip.
Take a fresh grip on your bullet proof mask,
And if they try to break down
Your disguise with their questions,
You can hide, hide, hide.

Paranoid Eyes, Pink Floyd

9:45 P.M.

No sé qué me dijo el domingo, dice la Flaca. *Ese hombre que nunca nada conmigo de pronto se portó amorosísimo todo el día y toda la noche.* Que Flaca para acá, que Flaca *para allá, que tomate este ron, que este aguardientico, que vení te prendo el cigarrillo, que agarrá la rienda así.* Van a caballo por un potrero espectacular. El atardecer gris en la espalda, mierda de vaca debajo, matorrales de espinas por este lado, alambre de púas por el otro, mosquitos por todas partes. Mejor dicho, un cuento de hadas. Entonces el hombre se le acerca.

–Flaca, te voy a decir una cosa –se pone muy serio, le explica–: es de una canción de Pink Floyd.

Se acerca tanto que las dos frentes se tocan y a la Flaca se le alborotan las mariposas en el estómago. *Y ahí fue cuando me soltó la dichosa frase que no entendí, Aurelio me habló en inglés y yo de inglés no sé ni un carajo.* Si en cambio le hubiera cantado un vallenato. "A mí celos me dan cuando la veo llegar con su señor marido". Eso sí lo hubiera entendido: *Aurelio me quiere toda para él, estaría dichosa*. Pero no lo está. Aurelio es gente bien y sólo como gente bien podía hablar, es decir, en inglés, ese idioma que a la Flaca le parece tan bien, y más tratándose de un asunto tan fundamental. La Flaca está convencida de que aquella frase fue la decisiva entre ellos dos, de que encierra el misterio de todo lo que pasó antes y después. La esencia, la naturaleza, la razón, o sinrazón, de las intenciones de él y ella se quedó sin saber, *eso me pasa por igualada*, si lo que dijo fue: *a. Quedate conmigo esta noche vos que sos tan puta y mañana si te vi no me acuerdo, y yo que soy tan puta voy y me acuesto con él, o, b. Quedate conmigo esta noche y todas las demás sólo conmigo, Flaca de mis amores. Pero entonces por qué no llama,* se pregunta la Flaca y luego dice: *qué desesperación*.

Mis tetas eran un par de tetas normales. Eran pequeñas como las tetas de una modelo italiana anoréxica. Breves. Concisas. No estorbaban, lucían en todas las camisas. Pero eran jugosas, en ese sentido no se parecían en nada a las de las modelos italianas, que tienen las tetas muertas. Las mías estaban vivas, cuando yo brincaba ellas también brincaban, y estaban bien alimentadas. Eran redondas y carnosas. Daban ganas de chuparlas, y si me las chupaban los pezones se dejaban estirar. Eran tetas elásticas, un par de juguetones y provocativos chupos Gerber. O no sé, ellos dirán. Pero a mí me gustaban.

Un día Alguien me consigue una cita con un doctor. No estoy enferma pero vamos de todos modos. El doctor, gafufo y encorvado, le toma fotos a mis tetas. De lado. De frente. Por el otro lado. Luego me las muestra en el computador.

–Estas son sus tetas.

–No, doctor, mis tetas no están tan hinchadas, mis tetas son más como las de una modelo anoréxica.

Pero él insiste en que esas son mis tetas y Alguien confirma, emocionado, que esas sí son. Luego me cubren nariz y boca con una máscara y yo aspiro y veo una lámpara redonda en el techo y entonces sólo la luz azul. Me despierto toda trabada y con las tetas del computador.

–¿Vio que sí eran? –*pregunta el doctor.*

–¿Vio que sí? –*corrobora Alguien con satisfacción.*

Todos los jueves Alguien viene a su apartamento. Alguien es un tipejo de lo más desagradable. Barriga chorreada. Patas de pollo. Bozo incipiente. Pelo tupido hasta casi el hombro. Rebelde. Grasiento. Usa camisas tornasoladas de arabescos caprichosos multicolores y seda legítima y las lleva desabotonadas hasta el cuarto botón. Por supuesto, se le ve esa inmunda cicatriz queloide que tiene en el pecho y que se vive rascando. La Flaca le ha dicho que se eche una crema antipruriginosa, pero a él le entra por un oído y le sale por el otro. Alguien se cuelga el celular en el cinto, usa botas vaqueras en este calor y se llama John Wilmar. Entra como si fuera el dueño del apartamento (porque lo es), y doña Martha Lucía se le enrosca en las piernas. Bate juguetonamente su juego de llaves a medida que avanza por el pasillo y con la otra mano saca la pistola que siempre lleva encaletada en cierto punto estratégico de su anatomía, con aires de gran capo (porque no lo es).

–Quitate todo –le ordena–, pero dejate los tacones, mami.

–Sí, papi –responde la Flaca.

Hoy es jueves.

Basura, dice la Flaca, *incoherencias de loco perdido*. Hay que entenderla. Primero, Aurelio no la ha llamado. Segundo, está la barrera idiomática: eso fue lo que aquella frase le pareció. Un amasijo de sonidos deformes, ridículos, curvados en perpetua doble u. Y luego está el bareto que se fumaron detrás del guadual. Aurelio estaba fumado. Y estaba tomado también, ya se habían bajado caneca y media de Blanco. *Apenas eso y el poquito de ron que el jinete de rojo nos ofreció*, dice la Flaca. *Tampoco estaba tan pasado como para no saber lo que decía*, rectifica la Flaca y anota, con énfasis, que el caballo en ningún momento lo tumbó. *Además los borrachos siempre dicen la verdad.*

La Flaca no tiene ni idea de cuál es esa verdad. Pero se puede imaginar. *Un sentimiento que tenía atrancado en ese pecho peludo tan bello que tiene*, dice y al mismo tiempo: *esto no puede ser*. Ella no se siente capaz de inspirar algo tan, cómo dijéramos, recíproco. Y menos en ese hombre precisamente. Un perro, un misógino, la indiferencia en persona, lo único que ha hecho en la vida es ignorar su existencia, mejor dicho, un príncipe azul. La Flaca lo ve, montado y de todo, por fin susurrándole todo lo que ella ha deseado sin esperanza desde que lo conoció. *Claro que esto no puede ser, esto es sólo lo que yo quiero ver.*

La Flaca se pregunta qué vio él. *No seré una reina del certamen nacional de belleza, pero fea no soy.* La blusita le resalta las tetas, los pezones están erizados por culpa del viento, y la silla el culo si uno se fija bien. *Y Aurelio se fijó muy bien*, dice la Flaca: *Puras ganas de manosear lo que tenía a la vista.* En cambio esto es algo que sí se siente capaz de inspirar. Morbo. Hambre. Deseos de incrustárselo por cada orificio del cuerpo. Pero cómo saber. Cómo llegar realmente a tener la certeza. *Quiero saber cada una de sus palabras, pero más por qué las escogió, quiero saber qué les inyectó, qué quiere él, qué siente por mí, lo quiero todo, verme a través de sus ojos, sentirme correr por su sangre, leerme en las abstracciones de su materia pensante.*

En realidad las palabras son lo de menos, la Flaca quiere penetrar en su seso y abrirse paso y descubrir lo que Aurelio guarda ahí. El problema es que uno no puede ir traspasando paredes así como así. Primero está esa delgada pero incorruptible barrera de piel y luego la poderosa concha craneal, esmaltada para mayor seguridad. Los pensamientos están protegidos, sellados herméticamente a prueba de intrusiones externas. La Flaca está aquí, metida en su propia envoltura de la que ni siquiera puede salir, y Aurelio está allá. Muy cerca, las frentes están tocándose, pero tan lejos que la Flaca no lo puede alcanzar. Aurelio termina de hablar. Esa frente, tan calientita que está, se desprende de la otra frente. La Flaca está turbadísima, algo le ha dicho y parecía importante, ni idea qué, pero, de todas maneras, el corazón se le quiere salir. Lo que haya sido necesita respuesta. Aurelio mira a la Flaca. La Flaca no sabe cómo reaccionar. No quiere dar una señal de amor si él no le habló de amor, no quiere quedar en desventaja frente a él. Pero tampoco quiere dejarlo en desventaja a él si sí le habló de amor. *Estoy esperando*, parece que le dijera Aurelio, *decime lo tuyo pues*.

Yo le sonreí porque qué otra cosa podía hacer, dice ahora la Flaca con frustración. En su momento todo fue así de simple y perfecto, pero ella no ha hecho otra cosa que darle vueltas al tema desde el domingo. Esculca. Revuelca. Repasa la escena una y otra vez tratando de percibir un indicio, un gesto de Aurelio que en su momento se le escapó, una tonalidad significativa en su voz, algo a lo que poderse agarrar y cada vez le parece que encuentra un nuevo matiz, una nueva y posible explicación, una nueva verdad que los hechos no pueden desmentir. Pero tampoco confirmar. La Flaca está perdida en su propia memoria, como una loca, y entre más se esfuerza por ver con claridad más se le empaña la cosa. La memoria es una manzana podrida, ahora todo es apariencia y distorsión. Es una cosa nueva que ya nada tiene que ver con el original: la manzana que hace rato perdió la consistencia y el color. *Hubiera debido pedir traducción*, se lamenta ahora la Flaca a sabiendas de que los hubieras no valen. Lo que pasó ya no tiene reversa, ni qué decir de lo que ni siquiera llegó a pasar. Eso se quedó sin pasar. Lo dice sólo por decir, por torturarse, *desde el domingo esa es mi única diversión. ¿Que qué?*, hubiera dicho la Flaca. Lo ha ensayado mil veces y esta es la versión más lograda de las mil: *a mí haceme el favor de hablarme en cristiano*. Así de fácil se hubiera evitado esta duda que la está carcomiendo. Pero eso hubiera implicado reconocer su completa ignorancia en el tema del inglés y ya se sabe que en esta ciudad bien el que no habla inglés es gente mal. Un pobre pelagato que no tuvo para colegio bilingüe, intercambio estudiantil, semestre en Londres, campamento de verano en Florida, que ni siquiera tuvo para un pinche nivel en el Berlitz local. Es que tampoco le alcanzó para la cuota mensual del TV Cable con lo instructivos que son los subtítulos en español. Un equis salido de esos barrios sin nombre que quedan por allá abajo, un John Wilmar, *y yo no me iba a desenmascarar. Yo no soy la Flaca. Yo soy la mentira que he inventado de mí.*

Todavía no cumple once años. Lo sabe porque todavía lleva dos bollitos en la cabeza. Uno a cada lado, adornados con gruesas cintas de color rosado, de esto se acuerda muy bien. Estellita cose. El pie martilla, la hebra se clava, la tela se desliza, las manos la acompañan. Estellita y máquina se han convertido en una sola cosa. Lleva cosiendo toda la mañana. Toda la semana. Toda la vida de la Flaca y quizá también antes.

–Mamá, están timbrando.

Estellita sigue cosiendo. La labor no puede descuidarse ni por un solo momento. Hasta la imperfección más insignificante la nota el cliente, eso es seguro, el tacto es el sentido que no perdona y todo lo exagera. La magnitud de la hilacha que se restriega con saña en ese punto inaccesible de la espalda causando escozor y una molestia insoportable, y que cuando corroboramos con los ojos nos parece tan poca cosa. *Era nada más esto*, nos preguntamos. Pero sólo las pieles satisfechas regresan y Estellita hace lo que más puede.

–Entonces andá a abrir nena, ¿no te das cuenta que estoy ocupada?

–¿Y si es un ladrón?

–Son unas clientes.

–¿Cómo sabés?

–Nena, andá a abrir.

No hay que dejarlas esperando y menos a estas tan distinguidas que acaban de dejar los ambientes antárticos del Mercedes Benz con aire acondicionado. Los cambios bruscos de temperatura no convienen, pueden torcerse y quedarse torcidas para toda la vida, en la calle hace un calor de los mil demonios. En la casa no porque a duras penas si llega la luz. De todas formas toma su tiempo recuperarse y más cuando ya casi se empezaba a sudar. Las dos mujeres se ayudan con la mano a falta de abanicos más eficaces. Haber bajado todo ese tramo de escalones empinadísimos no fue cualquier cosa. Pero qué se le va a hacer. La modista vive así: debajo del nivel de la calle, en el piso subterráneo de una casa de dos plantas y media (la última todavía no está terminada), reformada para que le quepa el mayor número de habitantes así queden hacinados, la modistería no da para mayor cosa. Pero no quita los buenos modales.

–Buenos días, señora Domínguez –Estellita se levanta, se acicala los mechones que tenía desordenados, se alisa la bata y los retazos caen–. Señorita es un placer conocerla, tengan la bondad de sentarse.

No siempre Estellita elabora frases tan elegantes. Se nota que estas dos clientes son especiales. Maquillaje discreto. Zapatos finísimos. Alhajas auténticas. Todo importado menos las esmeraldas, mejores que las criollas no se consiguen en ninguna parte. Son gente importante y así mismo hay que tratarlas.

–Nena, traele agua a las señoras que vienen muertas de sed –se vuelve hacia ellas–. Qué calores lo que están haciendo últimamente, ¿no es cierto?

La Flaca abre la nevera. Esa señora ha venido antes, está segura de haberla visto. Saca la jarra de agua helada. Sirve dos vasos, que en realidad son frascos de mermelada reciclados. Entonces se acuerda: 36 metros de holán de lino azul aguamarina para los uniformes de las damas voluntarias de la campaña política, hace ya unas semanas. Un trabajo de peso, y hasta gratificante para la modista promedio que prefiere entenderse con las telas más finas. Una suma no despreciable pagada billete sobre billete y sin pedir rebaja, con dineros de las arcas municipales. Dinero es dinero pero siempre exalta el espíritu, y la cotización de la modista en el mercado de valores de la modistería, la notoriedad de su procedencia. Esta señora es la futura primera dama. La Flaca sale de la cocina con los frascos de mermelada sobre una bandeja de pasta. La otra, por edad y un indiscutible aire de familia, debe ser la hija, y en consecuencia lo será también del esposo aunque nunca se sabe. Pero los privilegios los tiene todos. Es la hija del futuro alcalde de la ciudad. De toda la ciudad, incluida la ciudad bien y también la otra, para este tipo de cosas no se hacen distinciones de clase. Todos los votos cuentan, ya sean del dueño de media ciudad o del hijo de la fritanguera, y los del populacho, por ser los más numerosos, son los que en definitiva, nos guste o no, eligen al gobernante. Así que lo más cercano que existe a la realeza está sentada en la desteñida poltrona de la salita de estar de la Flaca, hojeando una revista de modas con sus manitas de uñas cuidadas por manicuristas expertas y diciéndole gracias porque le entrega un vaso de agua. Los organismos aristocráticos también pierden fluidos y se deshidratan. *Gracias a usted por concederme el honor de recibírmelo.*

Las señoras ya han entrado en materia. Se trata de una urgencia. Definitivamente en los centros comerciales de esta ciudad no se encuentra nada que esté a la altura de un personaje de esta categoría, casi se trata de una princesa, y ya no hay tiempo de encargar algo a Bloomingdale's. El té de quince años tendrá lugar en el Club Colombiano, elegantísimo, dentro de cuatro días, prontísimo. Será posible que Estellita, tan ocupada que se mantiene, en tan corto plazo alcance a confeccionar un vestido apropiado para la ocasión y la señorita.

–Claro que sí –dice inmediatamente.

Para la hija del futuro alcalde todo es posible. Hasta lo imposible. Si lo necesitara para mañana también se lo haría. Qué es una noche en vela para la modista entrenada. Ahora la señorita tendrá que perdonar las confianzas que esta profesional de la modistería va a tomarse en su cuerpo. Es la única manera de conocer sus medidas y la precisión milimétrica es requisito. Adivinando no se llegaría a ninguna horma que luzca. Estellita saca cuaderno y lápiz y estira el metro.

–¿Y la señorita ya celebró sus propios quince?

Hay que distraer a la cliente preguntándole cualquier cosa para que se olvide de las molestias a las que necesariamente hay que someterla.

–Póngase bien derecha.

La señorita explica que la celebración de sus quince años fue hace casi dos años, y una se imagina la suntuosidad de los salones de fiesta, la delicadeza de los manteles bordados, los arreglos de flores exóticas, el pastel de siete pisos, la precisión de la orquesta en la entrada triunfal de la homenajeada, la envidia de las invitadas, las bocas abiertas de los invitados y más que nada el vuelo del vestido al girar por los movimientos rotatorios del vals.

–¿Era rosado como ordena la tradición? –pregunta la modista.

–Rosado no, era salmón –aclara la señorita categórica–: el rosado es un color frondio.

A la Flaca se le revuelve todo por dentro. Por qué no se abre la tierra y se la traga con todo y los muy rosados moños que tiene en la cabeza. Hoy empieza a abrirse una brecha: nunca más dejará que Estellita elija el color de sus accesorios. Ni de ninguna otra cosa que vaya a ponerse. Es su primera decisión importante. Está en todo el derecho de tomarla, ya casi cumple once años.

Mi pelo era una esponjilla de brillo para ollas de aluminio. Estellita es medio negra y medio blanca, es decir, una pura mulata. De ahí la terquedad de mi pelo aunque, en términos generales, salí tirando más hacia el blanco. Todas las mañanas, Estellita me estiraba el pelo y me lo arremangaba en dos bollitos. Me decía que así me lo iba domando y yo me imaginaba que algún día me iba a empezar a nacer liso, mono y en capas como el de Farrah Fawcett.

–Menos mal el tuyo no salió tan apretado –*decía*–, esto es la esclavitud.

Pobre Estellita. A ella le tocaba hacerse la toga tres veces por semana. Se le iba una hora entera por la noche frente al espejo, una caja entera de pinzas y otra hora entera quitándoselas por la mañana. Cuando cumplí los doce años yo también aprendí a hacerme la toga. Ahora se nos iban dos cajas enteras de pinzas y siempre llegaba tarde a la clase de matemáticas. Hasta que descubrí las bondades de la plancha. Me planchaba el pelo como planchar un vestido recién terminado y me quedaba tan liso que si Farrah Fawcett no hubiera pasado de moda así mismo hubiera podido peinármelo. Pero las bondades de la plancha resultaron ser más bien relativas.

–Te lo dije –*me dijo Estellita*–: la plancha quema y reseca.

Ahora mi pelo era una esponjilla, usada y sin brillo, para ollas de aluminio. Nada que la línea de productos especializados Botanical's y un tratamiento profesional en la peluquería no pudieran arreglar.

–Andá pues, mami –*me dijo Alguien*–. Y llevá a tu mamá también.

Pero Estellita no quiso. A esta hora ya debe haber empezado a hacerse la toga.

Name: Susana Domínguez Guerrero. Subject: English Literature. Grade: Senior B. School: Anglo-Colombian. La hija del futuro alcalde tiene una letra redonda grandísima y todo lo escribe en inglés. Tiene un fólder siete materias plastificado con los mil motivos de Mickey Mouse. Tiene un marcador de tinta plateada que suena cuando uno lo agita. Tiene un colorete que no colorea, huele a chicle y se llama chapstick. Tiene unas gafas oscuras de carey, un llavero de Coca-Cola y un morral verde eléctrico *made in* USA. *¿Le habrán traído todas estas cosas de Bloomingdale's?,* se pregunta la Flaca.

La Flaca sale del colegio a las 5:36. Todos los días Estellita la espera junto a la caseta del hombre de seguridad. Aquí está él para garantizar que nada le pase a la niña, pero en el trayecto a la casa quién se la va a cuidar de tanto loco, perro rabioso, chofer de bus, vicioso de barrio, asaltante y depravado sexual que hay en esta ciudad. La Flaca viene y Estellita le agarra la mano.

Esta ciudad es un laberinto de calles angostas que huelen a orines, es el sonido hueco de sus pisadas, es un tipo parado en la esquina que cuando las ve bota su cigarrillo, paranoia, es no saber qué lo espera a uno al doblar la próxima esquina. Una tapicería cierra y una whiskería abre, el tipo no las ha seguido. Esta ciudad es el sonido de puertas metálicas que se enrollan y se desenrollan. Es una cuadra de casas construidas en diferente época una encima de la otra. En el primer piso funciona un negocio, el segundo se hizo cuando se pudo, y el tercero ya tiene las paredes pero no el techo, el precio de los materiales está por los cielos, pero el sol pega duro y la ropa se seca en un instante. Esta ciudad son dos taxis parqueados en el andén que cortan el paso, un R-4 que pita, un viejo sin dientes sentado junto a la puerta viendo cómo se va la tarde, una gorda que se asoma por la ventana, es un grupo de estudiantes que ríen, una bolsa de basura despedazada, es un montón de desperdicios desparramados por el andén y los ruidos de la gran avenida a la que llegan.

Pitos, frenos, los pedos de un bus.

Suben el puente peatonal. La Flaca quiere quedarse un rato allá arriba viendo venir los buses. *Blanco y Negro, Crema y Rojo, Verde Plateada, Gris San Fernando, Papagayo*. Quiere seguirlos hasta donde le alcancen los ojos, adivinar hacia dónde se dirigen, imaginar a la gente que llevan dentro.

—En ese bus destartalado va una mujer a punto de tener un hijo —empieza la Flaca—, ya le empezaron los dolores…

—Hoy no —la interrumpe Estellita—, hoy está muy oscuro.

Las luces de la avenida se encienden y ellas llegan al otro lado. Esta ciudad son dos barrios idénticos separados por una gran avenida. Pero este lado es el suyo. Estellita suelta la mano de la Flaca y ella se adelanta. Esos orines son de los transeúntes urgidos. Cochinos. El hombre que está en la esquina es el que vende cigarrillos. En la tapicería trabajan muy bien el cuero y la whiskería abre todos los días, excepto el lunes. Los taxis esperan que llegue la noche para salir al trabajo, el R-4 pita para que pongan el arroz en bajo, ese viejo sin dientes es el vecino, *buenas don Alcides*, la gorda es su hija, los estudiantes van para la nocturna, esas cáscaras de huevo y naranja son las que Estellita sacó hace un rato en una bolsa bien cerrada que algún perro habrá atacado y esa puerta de vidrio hundida en el primer piso de esa casa de dos pisos y medio es donde funciona la modistería y es la suya. Entran. Estellita prende la luz. La Flaca descubre el morral verde eléctrico en la salita de estar.

–¿Y eso?

–Lo dejó olvidado la señorita Susana.

–¿Vino?

–Vino –responde Estellita– y se probó el vestido que, modestia aparte, le está quedando precioso.

Los cortes son impecables, la caída es muy natural, la horma se ciñe al cuerpo como otra piel, mejor dicho, se va a lucir en el Club Colombiano la señorita Susana y todas querrán saber de dónde salió ese modelo tan espectacular. *Me lo hizo Estellita*, dirá y como todas se le querrán parecer todas vendrán con sus carteras llenas de oro para derrochar. Así es como Estellita podrá pagar sin apuros el arriendo del próximo mes, la cuota extraordinaria de la matrícula escolar y, tal vez, esa licuadora tan práctica que tiene vista en el sanandresito.

–Sí, mamá –corrobora la Flaca embelesada ante el vestido–, te está quedando precioso.

Tal vez Estellita se lo deje medir más tarde. Habrá que encontrar el momento propicio para formular la pregunta.

Esperar a que lo termine del todo, a que lo planche, a que lo cuelgue y se ponga a admirar el producto de sus trasnochos y esmeros. En esos momentos Estellita es capaz del mejor genio que tiene. *Mami, mamita, mamuchis, ¿me lo puedo medir?*, preguntará la Flaca y Estellita dirá que sí. La Flaca ya se imagina en el vestido azul cielo de la señorita Susana. Por una vez y sólo por un ratico convertida de pronto en semejante princesa. La hija del futuro alcalde vino hoy a su casa y ella se la perdió. Eso le pasa por estudiar en la jornada de la tarde. Hartas veces le ha dicho a Estellita que la cambie a la de por la mañana, habrá que seguir insistiendo. Pero por lo menos aquí le dejó este morral verde eléctrico para que haga uso de él como mejor le parezca.

—Ni se te ocurra tocarlo —se le adelanta Estellita que ya le ve la intención.

Las mamás lo saben todo, son como un par de ojos sin parpadear.

—Claro que no —dice la Flaca.

Pero ella esculca, pasa las hojas escritas del fólder, sacude el marcador para oír el ruido, dibuja un corazón en el centro de una hoja en blanco, se unta el chapstick, se lo come y se lo vuelve a untar, se pone las gafas oscuras y se mira al espejo, *parezco una mosca*, se guarda el llavero en su propio bolsillo, se cuelga el morral verde eléctrico y desfila por toda la salita de estar mientras se fuma un cigarrillo invisible que tiene en los dedos. Estellita no se da cuenta de nada porque Estellita cose. El humo sale formando anillos perfectos.

—Mamá, ¿qué es Bloomingdale's?
—No tengo ni idea, nena.

—Papi, ¿qué es Bloomingdale's?
—Un almacén en Nueva York, mami.
—¿Y es caro?
—¡Carísimo!
—La próxima vez que vayás a Nueva York me traés un vestido de Bloomingdale's.
—Bueno.
—¿Prometido, papi?
—Prometido, mami.

La Flaca de veintiún años estaría completamente desnuda si no fuera porque tiene los tacones puestos. Alguien de 38 estaría completamente vestido si no fuera porque tiene la cremallera abierta y la picha al aire. Están en la terraza. A la vista de todo el mundo, o por lo menos de los vecinos del edificio de en frente. A Alguien esto parece no importarle. Más bien parece excitarlo. Sus fosas nasales se abren y cierran pidiendo más aire. Alguien levanta la pistola que tiene en la mano y la apunta hacia el oscuro infinito sin una estrella esta noche. Con la otra mano se agarra la picha y se la mete a la Flaca.

La Flaca está de espaldas a Alguien mirando la calle. La están sacudiendo pero sus tetas permanecen estáticas. Igual de indiferentes al resto del cuerpo. La Flaca se esfuerza por sentir algo. En el edificio de en frente sólo se ven ventanitas azules intermitentes. Todos miran la tele y la Flaca no siente nada.

Alguien jadea como un desahuciado y cada vez que empuja le clava la hebilla del cinturón en las vértebras. La Flaca siente algo. Duro. Frío. Metálico. *Esto es lo que hay que aguantar a los veintiuno para que la brecha sea insalvable y la independencia absoluta,* dice la Flaca en su mente, *adiós Estellita.* La hebilla hiere a la Flaca y la Flaca siente mal genio. El sentido del tacto no sólo no perdona sino que además exige venganza. La Flaca quisiera darle su merecido a esa hebilla clavándole sus uñas de gata rabiosa en la espalda hasta hacerla sangrar. Pero Alguien, que sabe de su propensión a clavarle las uñas, le ha amarrado las muñecas a la baranda y esa es la única cosa que la Flaca tiene al alcance.

El hierro no cede. No se duele. No se desgarra. No alivia el mal genio de la Flaca ni con media gotita de sangre ajena. Entonces la Flaca grita. Primero sólo con rabia, luego llena de ira. Esta es su venganza. Gritar con hondura, desesperación y abandono para que sus gritos sean lo único que exista en el universo, del cual ya no quedan ni estrellas. Someter al dueño de la hebilla a todo el poder de su ira revienta-tímpanos. Y sólo a ese poder en el mundo. Y si sus gritos llegan a ser confundidos con esa cosa también estridente que se llama placer, mucho mejor. Sólo ella sabe que es furia. Así la venganza será del todo rotunda: *habré engañado.* En cuanto la mujer grita, el hombre descansa porque empieza a sentir la satisfacción del deber cumplido. El hombre cree que la mujer grita porque goza. El hombre cree que sigue siendo hombre porque ha servido. Ahora puede gozar él también. Dejarse llevar, olvidarse de todo, de esos gritos que son un halago (aunque aterradores), aliviarse de esta carga tan insoportable, estamos hablando de millones y millones de espermatozoides. Alguien se viene. En silencio, si no fuera por los tres tiros que dispara. La Flaca ya no grita porque la hebilla ya no la hiere. Alguien saca la picha y se introduce el meñique en el oído interno. Escarba. Es una manía esto de tener siempre ocupadas las manos. Se guarda el arma entre los calzones, la de metal también, y se cierra la cremallera. Desata a la Flaca. Saca un encendedor del bolsillo y enciende un cigarrillo. El encendedor es completamente transparente y tiene unas tijeritas rojas, adentro, que flotan en el gas.

–¿Y ese encendedor tan raro? –pregunta ella.

–Me lo mandó el patrón por correo.

–¿Cuál patrón? ¿Niño Bonito?

–Sí –dice Alguien–. ¿Qué vamos a comer esta noche, mami?

Uno de los platos que más le gustan como todos los jueves.

–Empanadas con fritanga, papi.¿Y por qué te lo mandó?

–No sé, mami, pero si te gusta es tuyo.

A Alguien le encanta atiborrarse de manteca porque él es un manteco. Uno que no lo disimula. Hasta podría decirse que se siente a sus anchas siéndolo. A la Flaca también le encanta la comida grasienta. Pero cuando van a un restaurante ella pide spaghetti primavera (desde que descubrió que existían). Esa es la diferencia: la hipocresía, las pretensiones, *mis poses, mis máscaras. 1,65 en tacones. Dos tetas hinchadas de silicona. El pelo liso aunque el muy terco toda la vida me haya nacido crespo. Soy una caricatura de mí misma. Un remedo aumentado y grotesco como buena caricatura.*

Todos los jueves la Flaca se deprime. Se pone la camiseta más vieja y más grande que tiene, conecta el teléfono que había desconectado para que Alguien no se diera cuenta nunca de que ella tiene más vida, se hunde en la cama y prende el televisor, que no ve, y un bareto, que se fuma entero. Lo apaga. Doña Martha Lucía se le encarama en el pecho y ronronea y la Flaca coge el encendedor transparente de las tijeritas rojas, que Alguien le regaló. Enciende un cigarrillo. Las malas lenguas dicen que si uno empuja la marihuana con tabaco, el efecto llega más rápido. La Flaca empieza a sentirse trabadísima.

A veces la Flaca camina. Le gusta recorrer el oeste. Meterse por calles que nunca ha visto. Mirar las casas y los edificios. Imaginarse a la gente que vive dentro, como hacía de niña con la gente que iba en los buses. Pero a veces se queda encerrada en su apartamento. Alquila películas, fuma marihuana y cigarrillos y come Corn Flakes al desayuno, almuerzo y comida. En realidad esta flaca no hace nada, aparte de esperar que no llegue el próximo jueves. Pero siempre llega. Entonces se desquita rumbeando todo el fin de semana con una gente bien de una ciudad bien que no es la suya.

Aurelio y la Flaca siempre están encontrándose. Tres millones de habitantes en la ciudad y estos dos, de procedencias tan dispares, se encuentran todas las noches del fin de semana. Sin falta y sin ponerse citas. De qué probabilidad estamos hablando. *La culpa la tiene esta ciudad*, dice la Flaca. La ciudad bien a la que nunca ha pertenecido, *y que es así de diminuta*, explica. Entre más recorre el oeste, entre más calles descarta y recovecos desvela, más deja de parecerle secreta y más se le encoge a la Flaca esta ciudad que antes le parecía tan inabordable. *La culpa la tiene ese bar que está incrustado en todo el centro de la ciudad bien. Un agujero negro alrededor del cual giramos todos. Una fuerza centrípeta que nos aglutina y nos jala hacia dentro. Y no podemos sino dejarnos llevar por la corriente, aunque nos duele, aunque nos daña, es la inercia y contra las fuerzas gravitacionales es inútil oponer resistencia.* Aurelio y la Flaca se encuentran sencillamente porque todas las noches del fin de semana van al mismo sitio. La coincidencia, claro, no desafía ninguna ley estadística porque de casual tiene más bien poco. Casual sólo fue su primer encuentro. Mejor dicho, no tiene nada: la Flaca va a ese bar precisamente porque sabe que ahí lo va a encontrar. *¿Pero él?*, se pregunta.

Ayer me gasté cuatro horas en un café Internet revisando todo lo referente a Pink Floyd. 3.560.000 entradas. El grupo se formó en Londres, Inglaterra hace un resto de tiempo. Al

*principio un tal Syd Barrett escribía la mayoría de las letras,
pero como metía tanta droga sus amigos lo dejaron tirado.
Ahora le tocaba a Roger Waters, que significa "Aguas", eso
sí lo sé, escribir las letras, pero él también se salió del grupo,
que siguió escribiendo letras y letras, pero todas en inglés,
absolutamente todas y ninguna me llegó a sonar. Maldita
sea, por qué no sé inglés.*

La Flaca siempre llega primero que Aurelio al bar.
Cuando el aire ya está amodorrado. Con tantas narices
acaparando el precioso oxígeno que le cabe a ese recinto de ventanas escasas no es para menos. Lo único que
sueltan es gas carbónico y para rematar casi todas fuman,
enriquecen la marejada de efluvios nocivos con sus cho-
rritos grises. Entre más porquería se acumule mejor, esta
noche vinimos a intoxicarnos y cada quien hace lo que
más puede para contribuir con el anhelo colectivo. Hasta
el ventilador del techo se confabula revolviendo el aire
viciado de esquina en esquina para que la distribución del
veneno sea equitativa y a cada cual le llegue su correspondiente porción. Y como si no tuvieran suficiente con el
intercambio de toxinas aéreas, estos cuerpos se empeñan
en traspasarse los demás fluidos del organismo. Unos
se besan, *hola corazón*, otros se abrazan, *años sin verte,
marica*, todos conversan y ríen y se echan babas, chocan
vasos que salpican y cada cual bebe del propio y del que
le ofrecen también y sudan como caballos porque a este
recinto de ventanas escasas ya no le cabe ni un cuerpo
más. Pero ellos insisten en seguir entrando. Nadie quiere perderse de la untazón general que aquí es gratis. El
trago no, pero el almizcle sí y eso es precisamente lo que

hemos venido a buscar. Somos mamíferos. Se restriegan unos contra otros, *permisito*, se revuelcan en sus feroces humores formando un amasijo de cuerpos inmundos y generosos con su inmundicia porque darla tampoco vale plata.

La Flaca se abre paso como puede. Al que algo quiere algo le cuesta. Se hace un lugar en la barra dando discretos empujones. Se rebusca la última butaca libre y el Mono se la trae. Intenta conversar con él, pero ningún tema le sabe. Es la música a todo volumen, es el murmullo a todo volumen de este cardumen de cuerpos ardientes, es este calor insoportable que no la deja oír nada, mentira, es que Aurelio todavía no llega. La Flaca se para. Va y viene. Ella también se unta, a eso vino, aunque de un solo cuerpo en particular, pero le toca aguantarse a los demás porque ese cuerpo todavía está ausente. Se sienta. Se mete un tequila. Prende un cigarrillo, ella también pone su parte en la consecución del anhelo colectivo. El Mono Estrada le habla de cualquier cosa, de un par de tetas ninfómanas, por ejemplo.

−Y así de grandes, Flacucha, no exagero, que tuve hace un par de horas entre estas manos que te estoy mostrando, y eran naturales −esto lo enfatiza el Mono, que la mira fijamente−. Ce-ro-si-li-co-na, ¿me estás oyendo?

Y la Flaca se caga de risa justo cuando debería dolerse, tan dichosa y campante, como si la indirecta no fuera dirigida en contra de ella porque su mente está en otra parte. *Será que esta noche no viene.* La Flaca se para. Va y viene. Se sienta. Se toma un tequila. Apaga su cigarrillo. Vendrá, lo sabe, es la impaciencia la que le siembra la duda, Aurelio siempre viene. Tarde, pero viene, y entonces la Flaca se gana el consabido beso en la mejilla. En esta ciudad somos mamíferos pero civilizados y así es como nos saludamos. El único punto de convergencia en toda la noche, porque después de esa insípida y fugaz minucia de compromiso Aurelio le consagra toda su indiferencia.

A todas se les acerca. A todas se les ríe. A todas les echa su par de palabritas. Mujer, estás divina. Eso mismo le oí decir la otra noche a una aparecida. Y luego, así como todo interesado: con quién viniste. A todas se las lleva a la cama. A todas les toca su parte. A todas, menos a mí (exceptuando el domingo glorioso).

Tan evidente y tan descarada es esta indiferencia, tan virulenta y tan esmerada, que no puede sino resultar sospechosa. Hecha adrede y con un propósito: ocultar la verdadera naturaleza de sus sentimientos por ella y de paso inflingirle una herida por provocárselos. *Está demasiado bien lograda como para que sea gratuita*, concluye la Flaca.

Aurelio se comporta como un triple hijueputa porque Aurelio me ama. Es su estúpido orgullo de macho-sin-corazón-ni-debilidades el que le prohíbe reconocerlo. Reprime sus instintos pero como estos son tan fuertes algo tiene que salir a cambio. Entonces me castiga. Si yo fuera Susana Domínguez Guerrero estaría convencida de esto y brincando en una pata, mejor dicho, hace rato que lo hubiera cogido a besos. Aurelio marica, dejá ya la güevonada que yo también te amo. No, decirle te amo sería excesivo, de pronto se me asusta, me gustás entonces, con eso lo dejaría derretido.

Pero ella es la Flaca.

Me llamo Manuela Fernández Cuartas. Mis papás trabajan en Miami. Estudio administración de empresas. Ellos me consignan cada quince días. Así es como me mantengo. Todo eso se lo inventó la noche en que lo vio por primera vez en el bar. Le fue saliendo así, como si tal cosa, cuando él le preguntó qué hacía. *Fue mi primera reacción,* dice la Flaca, *no iba a decirle que era la mantenida de Alguien.* Al principio el cuento le sonaba lo más de digno y consistente, y el nombre super prestigioso con sus dos apellidos. Pero ahora tiene claro que para pertenecer a la ciudad bien no basta con estar en ella. Lo bien es una particularidad que sólo puede adquirirse por vía de la herencia. Es una marca de nacimiento, material genético, *y yo soy sólo una hija de cualquiera-proleta-recién llegada.* Por eso la Flaca duda, el espectacular despliegue de indiferencia de Aurelio bien podría tratarse de auténtico desprecio. No vaya a pringarse el nene lindo, a la gente bien todo lo que no es bien la asquea. *Pero entonces por qué me comió el domingo,* se pregunta la Flaca. Son tantas las cosas que se le aclararían si supiera qué le dijo ese día.

Cada vez que hay campaña política los candidatos hacen cola para llorarle a don Chepe. Él, de espíritu desprendido y mentalidad abierta, los atiende a todos sin fijarse demasiado en sus filiaciones o tendencias y a cada quien le da una contribución generosa. Los empresarios también le deben. Con el impresionante talento que despliega al multiplicar la rentabilidad de las inversiones, don Chepe deja en ridículo a la banca y los empresarios aparecen cebados y contentos en las fotos que se toman con él. Luego están los miembros de las fuerzas del orden público. Estos pobres hombres sacrificados por su patria lo único que reciben a cambio son esos irrisorios salarios estatales que no alcanzan ni para cubrir las necesidades básicas de la canasta familiar. Pero gracias a Dios existe don Chepe. Qué sería de ellos sin los puntuales subsidios que les manda. Don Chepe, además, tiene tratos con los dueños de los periódicos. Es gracias a sus donativos que pueden configurarse las páginas de la opinión pública. Él es mecenas de la cultura y el entretenimiento. Patrocina a cuanta aspirante a reina de belleza que, sin la debida comitiva, ajuar de lujo y cirugías cosméticas de rigor para corregir esos insignificantes defectos, nunca podría quedar entre el codiciado ramillete de las cinco finalistas. Sólo así a estas caprichosas beldades se les abrirán las puertas del futuro, en el que tendrán exitosísimas carreras como presentadoras de la sección *light* del noticiero. Cómo puede el hombre, que es criatura proclive a complacer, resistirse a esos ojitos que le ponen.

En fin, don Chepe no puede estar mejor relacionado. Él se codea con la crema y nata de la sociedad. Se sienta a la mesa de lo más *in*. Se habla de tú a tú con la élite que tiene en sus manos el destino de esta ciudad. Don Chepe no sólo tiene reservado su puesto en el sector VIP, sino que dentro del sector VIP él es el más VIP. Todos se ríen de sus chistes, se toma los mejores *whiskies* y se come a las más hembras. Don Chepe es siempre el hombre más rico y poderoso de cuantos lo rodean. Pero está cometiendo una falta gravísima para un tipo de su posición: no es socio del Club Colombiano.

Nada de nervios, piensa don Chepe, acomodándose en su cómoda poltrona reclinable de cuero color verde limón. Este asunto quedará arreglado con la doble pregunta que arregla todos sus demás asuntos: *A quién y cuánto hay que consignarle*.

—No es tan sencillo —le aclara el encargado de averiguaciones cuando vuelve del Club Colombiano.

Don Chepe deberá presentar tres fotografías a color tipo pasaporte con el formulario debidamente diligenciado por ambas caras y firmado con número de cédula de ciudadanía, como todos los demás. A don Chepe esta trasgresión de su código lo molesta sobremanera. Él no es como todos los demás, él es don Chepe, él está acostumbrado a hacer las cosas a su propio acomodo. Pero tan fuertes son sus deseos de pertenecer al Club Colombiano (como todos los demás), y tan grande su convicción de que lo van a aceptar (él es don Chepe), que consiente, aunque irritado, y le pide al encargado de documentaciones que le tramite el formulario. Estas fueron sus palabras exactas: *llename el puto formulario pues*. Luego lo firma de su puño y letra, añadiendo su número de cédula, y se lo entrega al encargado de correspondencia saliente.

A los ocho días hábiles, el encargado de correspondencia entrante le trae un sobre membreteado del Club Colombiano. Don Chepe se va incorporando de su poltrona de cuero color verde limón, mientras lo abre con una sonrisa de satisfacción pegada en la jeta. Así de seguro se siente de su éxito. Pero a medida que va leyendo la sonrisa se le va desfigurando. Ni el estilo ampuloso, ni los términos cordiales en que está redactada la carta, ni los excesivos lamentablemente, ni la epopéyica lambida de culo que le pega el presidente de la junta directiva del Club Colombiano, consiguen amortiguar el golpe. En cuanto termina de incoporarse de su poltrona verde limón, una ira siniestra se ha apoderado de don Chepe. Esos mismos politicastros, mercachifles, guachimanes, cagatintas y putas caras que nunca han tenido reparos cuando se trata de beneficiarse de Su generosidad y disfrutar a Sus expensas ahora tienen el descaro de decirle que NO, A ÉL, Y A ÉL NUNCA, NADIE, EN LA HIJUEPUERCA VIDA LE DICE QUE NO. Tremenda filípica la que monta don Chepe.

–¿Y por qué lo rechazaron? –pregunta la Flaca.

Como todo el mundo sabe, el poder de don Chepe se deriva de cierta planta nativa, con propiedades tan exóticas que, al mezclarse con ingredientes selectos, produce un polvo mágico de exportación. A gringos y europeos les fascina metérselo por sus rosadas narices para sentirse dicharacheros y vivarachos. Pero esta no puede ser la razón por la que lo rechazaron. Si la naturaleza ilícita de sus actividades comerciales no le impidió el acceso al círculo más influyente de toda una ciudad, por qué iba a impedírselo a un pinche club social. Tampoco fue por las mentiras que aparecen en su formulario de solicitud. Nadie esperaba que en el apartado dedicado a la profesión pusiera *Traficante de drogas, a su servicio*, ni que declarara que todo su patrimonio e ingresos provenían de actividades por fuera de la ley.

–A don Chepe lo rechazaron sencillamente porque él era un hijo de cualquiera, un proleto, un venido a más, y no un nacido en cuna de oro como todos los demás –responde Alguien, al tiempo que se enrolla una cinta de tela en el dedo–. Así de jodida es esa gente, mami.

No todos los jueves Alguien llega tan urgido. Entonces la Flaca aprovecha para ponerle su tema favorito de conversación: los grandes capos. Lo estira y lo estira y no hay cómo saciarle tanta curiosidad. Alguien en cambio preferiría estársela follando. Pero para la Flaca es un imperativo conocer todos los vericuetos del laberinto de la sicología de los grandes capos, los alcances que llegaron a tener en la definición de esta ciudad y, entre otras cosas, de qué color eran las poltronas de cuero que usaban. Alguien cree que esto pasa porque a la Flaca la seduce el mundo de la opulencia y el poder. La Flaca, que es para retrasar al máximo el momento en que Alguien se la mete. Los dos tienen razón. Alguien desearía ser un gran capo para mantener a su hembra siempre bien dispuesta. La Flaca, que no se la metiera.

–¿Y entonces qué hizo don Chepe? –pregunta–. ¿Mandó a matar a toda esa partida de canaleros desagradecidos clasistas?

–No, mami, se mandó a construir un Club Colombiano para él solo.

La réplica que a simple vista parece exacta no lo es. El Club Colombiano de don Chepe es aún más grande y fastuoso que el original. Alguien se desenrolla la cinta que tenía en el dedo porque ya llegó la hora de amarrar las muñecas de su hembra.

La colección de fotografías de las páginas sociales del periódico local se remonta a la época en que la Flaca tenía apenas diez años, once meses y tres días. El álbum, un cuaderno rayado común de los más baratos, aunque forrado en papel de regalo (con figuras que vagamente recuerdan al Mickey Mouse del fólder de Susana Domínguez Guerrero), se ha puesto gordo y arrugado. La Flaca no escatima la cantidad de pegante que usa, no sea que se le pierda alguna. Lo guarda debajo de su cama, dentro de una caja de zapatos, dentro de un sobre de manila, como una muñeca rusa, para protegerlo de las cucarachas y el ojo que no parpadea de mamá. Lo revisa cada tanto, por las noches antes de acostarse o por la mañana antes del desayuno. Una constante se advierte a primera vista: en todas las fotografías aparece la misma persona. "Susana Domínguez Guerrero inaugura parque infantil al oriente de la ciudad". "Susana Domínguez Guerrero preside el bazar del Anglo-Colombian School". "Susana Domínguez Guerrero en la toma de posesión del señor alcalde". "Susana Domínguez Guerrero", con una sonrisa de oreja a oreja, por cierto, "rodeada de regalos para los menos favorecidos". "Susana Domínguez Guerrero en un té de quince años en el Club Colombiano", luciendo el vestido azul cielo que le hizo Estellita. Y sus preferidas de todos los tiempos por ser las más antiguas y las más personales: "Susana Domínguez Guerrero celebra sus quince años".

El álbum empieza con estas últimas fotografías. La Flaca está profundamente dolida. Susana Domínguez Guerrero ha vuelto a su casa y no sólo se ha llevado el morral y el vestido azul cielo, sino que ella, la Flaca, se perdió la visita, otra vez, por estudiar en la jornada de la tarde. Pero Estellita, holgada por una vez de trabajo y con las arcas llenas por los recientes pagos obtenidos, sale con la más brillante idea que jamás se le haya ocurrido.

–Nena, vos limpiá los espejos mientras yo trapeo el piso.

Para limpiar espejos, todo el mundo lo sabe, no hay nada como el papel periódico. No deja marcas y absorbe toda la porquería. La Flaca se agacha en un rincón particularmente oscuro junto al lavadero de ropa. Mete la mano hasta el fondo con ciertas reservas por temor a las cucarachas. Es precisamente en estos sitios tenebrosos y poco frecuentados donde ellas se esconden durante el día para que la chancleta no las alcance. Saca, lo más rápido que puede, el fajo de periódicos viejos. Escoge uno, cualquiera, ni siquiera se fija. Lo desdobla como si tal cosa y no puede creerlo: ahí está. Un artículo de media página con cuatro fotografías enormes y a todo color.

Aunque están algo descoloridas y amarillosas por los estragos del tiempo, todo se distingue claramente. Nada de pasteles de siete pisos, manteles bordados, salones de fiesta, orquestas puntuales, vaporosos vestidos ni valses increíblemente animados. Flores exóticas sí había, pero sembradas en el suelo, e invitadas e invitados, como es obvio. Pero eso era todo. La hija del alcalde que todo lo enumerado allá arriba hubiera podido tener y más, si así lo hubiera querido, celebró sus quince años con un simple asado de carnes como si aquello fuera cosa de todos los días. En realidad las carnes fueron argentinas, el chef francés y el aire libre el de una hacienda colonial, declarada patrimonio de la humanidad, heredada por la familia. Pero, de todas formas, esto no era lo que la Flaca se había imaginado. Susana Domínguez Guerrero era diferente de todo lo que ella conocía. *Como era de esperarse el buen gusto y la sobriedad fueron la nota predominante.* Eso decía en el artículo.

Yo también quería ser diferente, yo también quería hacer un asado cuando cumpliera los quince, y tener buen gusto y sobriedad, lo que fuera que esa palabra significara, y que los periódicos lo escribieran y que niñas extrañas me admiraran.

La Flaca mira la foto principal del artículo. Aparece Susana Domínguez Guerrero con un sencillo conjunto de pantalón y blusa de color salmón (presuntamente adquirido en Bloomingdale's), rodeada por su familia. El futuro señor alcalde, la futura primera dama y un peladito con magníficos hoyuelos a cada lado de la sonrisa. Si la primera dama se muriera, Estellita podría casarse con el señor alcalde y se convertiría en la primera dama y ella, *yo*, en la hermana de Susana. Esto, claro, es demasiado improbable y la Flaca lo sabe.

—Mamá, ¿cuándo me vas a hablar de mi papá?

—Cuando seás más grande —responde Estellita ensañada con el piso.

Mi papá era un agente de la DEA. Mono. Ojiazul. Rosadito. De ahí mi escandalosa blancura si me comparan con Estellita. Ella se vivía comiendo las uñas, no comía, no dormía,

46

apenas si cosía. Casi la tienen que internar en el siquiátrico cuando a mi papá le asignaron aquel trabajo en el Guaviare. Algo presentía.

–Es el último –le juró a Estellita.

Íbamos a vivir en Fort Lauderdale, íbamos a comprar una casita blanca con un naranjo en el antejardín y yo iba a ser astronauta. Pero mi papá obedeció el juramento que le hizo a Estellita, los gringos son muy cumplidos, y no volvió a aparecer ni en retratos. Nunca supo que ella estaba embarazada. ¿Lo quebraron? ¿Se voló con la mercancía? ¿Se lo tragó la manigua?

O tal vez mi papá era un pálido cajero de banco con cáncer terminal en el esófago. Un levante de una noche con el que ni siquiera intercambiaron teléfonos. Un respetable hombre de familia con señora y tres niños. Un niño bien del oeste con apetitos exóticos. Lo más probable es que haya sido un habla-mierda de barrio que se la tenía convencida y la dejó viendo un chispero apenas se enteró del atraso. En todo caso era, es, si sigue vivo, un completo hijueputa y Estellita es una mamá cobarde que nunca habla de eso.

Doña Jesusa se levanta todos los días a las cuatro y media de la mañana. Prende la luz de la cocina y aplasta una que otra cucaracha con la chancleta plástica. Amasa. Pica la cebolla, los ñervos de carne y la papa. Prepara el guiso. Cuela el aceite usado para que parezca nuevo. Para entonces ya se ha hecho de día, la ciudad ruge allá afuera y doña Jesusa avanza hacia la puerta con sus pasos lerdos de elefanta vieja. Suda, resopla y hiede a fritura. Dos sacos de carne blanda se descuelgan cuando levanta los brazos para desatar las trancas.

Un día, doña Jesusa ya no abre la puerta. Al otro, sale de los inquilinos del piso de arriba. Al otro, se hace operar las várices. Y al otro, empieza a remodelar la casa en grande. Estamos hablando de cajas y cajas de azulejos, camionadas de balastro y arena, mezcladoras de cemento, obreros, maestros, arquitectos, ingenieros y toda la herramienta. Las empanadas de doña Jesusa eran las más ricas del barrio. También vendía chorizo, morcilla y papa rellena, y los fines de semana la oferta incluía lechona y masato. Ella tenía su clientela. Los estudiantes de la nocturna, el viejo de la mecedora, la gorda no cuenta porque a cada rato vienen a recogerla tipos en carros lujosos que seguramente la llevan a restaurantes caros, los tres borrachos de la whiskería, el señor que vende cigarrillos en la esquina. Definitivamente doña Jesusa tuvo que haberse sacado el premio gordo de la lotería.

La Flaca está sentada en el murito del andén de su casa mirando la obra en progreso de en frente. Tiene un grano maligno lleno de pus en la mejilla y la maligna sensación interior que viene con cada grano. Pero lo que más la tiene mortificada es no entender qué putas le pasa a la gente. Siempre le preguntan: *¿Qué querés estudiar?* La pregunta da por hecho que va a estudiar puesto que, según lo creen ellos, eso es lo que necesariamente sigue después de salir del colegio, la consecuencia natural, una función más del cuerpo como cagar después de digerir los alimentos o dormir porque tenés sueño. En realidad la pregunta le parece insultante. Más que preguntándole están decidiendo por ella. *Vas a estudiar, te lo decimos todos, la única libertad que te dejamos es escoger qué.* Pero la Flaca se siente orgullosísima de sí misma porque ella no se ha dejado abrumar por el alud de propaganda subliminal. Ella de tonta no tiene un pelo, ella ha llegado hasta el fondo. *Querer estudiar o no querer estudiar,* esa es la cuestión. Su verdadera y libre elección. Así que la pregunta correcta es: *¿Querés estudiar?* Y ella, hace rato, se la respondió: *No.*

Para qué. La historia me la conocía como si la hubiera vivido en todas las otras vidas. Ser alguien, labrarse un futuro, conseguir un empleo, hacer unos pesos, tener lo que siempre has querido, ropa de marca, TV con pantalla plana, lo último en juguetes y tecnología, un marido, apartamentico propio, una deuda a veinte años, responsabilidades y cuentas, dos hijos, dolor de cabeza, un perro, caca en la alfombra, quince días al año de terapia desestresante en las apestadas playas de Cartagena y de vuelta a lo mismo, una jubilación para la vejez y un hueco en el cementerio. PARA QUÉ. Estudiés o no estudiés lo único que tenés seguro es eso último y este mismo vacío de siempre.

La Flaca lo tiene todo claro y resuelto, pero ahora que está en su último año del bachillerato, también Estellita ha empezado a salirle con suspicacias.

—Nena, yo tengo unos ahorritos y si pedimos un préstamo, seguro que nos alcanza para que estudiés lo que querás.

—El problema —contesta pausadamente la Flaca— es que yo no quiero estudiar nada.

Estellita pone el grito en el cielo.

–¿Y de qué piensa vivir entonces la señorita?

Porque lo que es ella (o sea Estellita), no está dispuesta a patrocinarle la ociosidad a vagos enjutos (o sea la Flaca), que no sirven sino para examinar las fluctuaciones del blanco en las paredes, echarle muela al mercado y multiplicar el valor de los servicios públicos que cada día llegan más caros.

–A ver –exclama furibunda–, ¿de qué piensa vivir sin el hotel-todo-incluido de la mamita?

–Ya veremos –dice la Flaca y sale dando un portazo.

La Flaca no esperaba vivas ni aplausos, ni mucho menos la comprensión de su madre en este ni en ningún otro aspecto. Pero tampoco esperaba semejante saldo en rojo tan hijueputa. En todo caso ya estaba dicho, lo que era un alivio. Pero Estellita no se va a dar por vencida tan fácilmente. Se trata del futuro de su única hija, lo único que verdaderamente le importa en la vida, la única razón de sus trasnochos y esmeros, en fin, única esperanza, único consuelo, y no va a quedarse cruzada de brazos viendo cómo tira su vida al tarro de la basura. Sin embargo ha optado por abordar de una manera distinta el problema. *Rebeldías de juventud*, así lo llama para degradarlo a la categoría de situación pasajera. Está visto que por la vía de la presión económica no va a lograrse ningún resultado favorable. *Quizá lo único que necesita la niña es un empujoncito, quizá lo que está pidiendo es que la motiven.* Con este pensamiento a Estellita se le regocija el alma porque precisamente aquí está ella, rebosante de actitud positiva, para procurarle todo eso.

—¿Qué te parece el diseño de modas? —pregunta con el entusiasmo enervante de un animador de teleconcurso.

Están almorzando. Estellita se había mostrado insólitamente conversadora y abierta. Ahora la Flaca entiende por qué y también adivina la sicología barata que hay detrás del tono afectado de la pregunta. Le provoca cagarse de risa. Y luego está el contenido: *diseño de modas*. Más risible todavía. Ya puede ver el letrero en la entrada: Creaciones Estellita e hija, bienvenidas. Las clientes entran, la hija ofrece la más completa gama de diseños profesionales y la madre los produce a la medida. Mejor dicho, un negocio redondo, la solución de sus vidas.

—No me interesa —responde la Flaca intentando sonar lo menos desafiante posible, puesto que lo que más quiere en la vida es reducir esta conversación al mínimo de intervenciones por parte y parte. Pero un dejo de involuntaria ironía se le escapa a última hora, en la última sílaba.

—Bueno… —empieza Estellita casi como si fuera a resignarse por las buenas y haciendo caso omiso del dejo de ironía— pero hay otras carreras.

Ya decía la Flaca que de esta no se iba a librar tan rápido. Ahora Estellita pretende que se pongan a revisar juntas, cual aspirante llena de expectativa y gurú-aquí-estoy-para-alumbrar-tu-camino, un catálogo universitario aparecido en escena como por arte de magia. Pero la Flaca no está dispuesta a representar la absurda pantomima y apoyándose en un lenguaje corporal, que le parece bastante diciente (mirar para el lado diametralmente opuesto mientras Estellita pasa las hojas), demuestra lo poco que aquello le interesa en la vida. Entonces Estellita, que milagrosamente mantiene vivo su regocijado espíritu, le incrusta un par de leves y juguetones codazos.

–Dale, nena, hacelo por tu mami, mamita, mamuchis.

Sus intenciones, que a todas luces pretenden derretir el iceberg que la Flaca se ha construido a su alrededor, evocando el humor tierno y festivo de otras etapas de la vida, no pueden traer resultados más contraproducentes. La Flaca no sólo sigue emperrada en su *no se me da la puerca gana*, sino que ahora está más emperrada que antes. *Hazlo por tu madre. Ella te dio la vida. Ella te amamantó con la tibia leche de sus entrañas. Ella te cuidó cuando tuviste varicela. Chantaje emocional, telenovela del mediodía. Ella fue la que se figuró los diplomas colgados en la pared y los negocios redondos en sus fantasías, no la hija. Ella fue la que frustró sus propios anhelos de juventud, los de la hija todavía no estaban perdidos. Pues no y no. Ahora la madre tendría que entender que esto no se trataba de ella sino de la hija, una entidad separada e independiente, hace años que nos habían cortado el cordón umbilical por el que veníamos unidas.* Y esta vez, la Flaca va a asegurarse de que su negativa resulte del todo convincente, sumándole a su actitud, ya de por si bastante displicente, el poderoso recurso del verbo, con el tono y el timbre ajustados, para que todo su lenguaje actúe en bloque como un verdadero aparato cortante.

–¡NO VOY A REVISAR EL CATÁLOGO PORQUE NO VOY A ESTUDIAR EN LA UNIVERSIDAD Y ENTRE MÁS RÁPIDO TE METÁS ESO EN LA CABEZA MENOS DOLOR PARA AMBAS!

–y por si acaso el mensaje no ha sido lo suficientemente explícito, sale azotando la puerta.

Hasta aquí le llega el entusiasmo a Estellita. La fase motivación-personal ha fracasado. Pero cada semana a Estellita le sobreviene una fase distinta que le permite luchar con renovados y enriquecidos argumentos. Estuvo, por ejemplo, la fase *escuchá-a-tu-madre-nena-es-por-tu-propio-bien-su-intuición-de-madre-amor-sin-límites-y-sobre-todo-su-madurez-y-experiencia-le-conceden-automáticamente-el-don-de-la-sabiduría-para-determinar-exactamente-lo-que-le-con viene-a-la-hija-mientras-que-la-hija-por-su-juventud-e-inexperiencia-y-sobre-todo-por-esa-rebeldía-de-adolescente-está-confundida-y-no-puede-saber-en-realidad-lo-que quiere-por-lo-cual-deberá-someterse-a-la-amorosa-y-benéfica -voluntad-de-la-madre-aunque-eso-suponga-ir-en-contra-de-sus-propios-deseos-que-a-fin-de-cuentas-ya-han-sido-descalificados-como-producto-desdeñable-y-estudiar-una-carrera-universitaria-la-que-la-hija-escoja-por-eso-no-van-a-pelear-ya-llegará-el-día-en-que-se-lo-agradezca-Estellita-no-puede-estar-más-segura-de-algo*, y también la fase *si-ella-hubiera-tenido-una-oportunidad-de-estas-en-la-vida-no-tendría-que-partirse-el-espinazo-cosiéndole-vestidos-a-las-señoras-ricas-todo-lo-contrario-ella-sería-una-señora -rica-que-mandaría-a-hacer-sus-vestidos-y-otras-serían-las-que-se-partirían-el-espinazo-para-qué-no-estudiaron-las-muy-burras*, fase que demostraba los dos posibles extremos del destino, para que la instruida Flaca escogiera para sí el más apetecible. Pero cada semana la Flaca sale dando un portazo y cada semana se sienta en el murito a mirar los adelantos de la obra de en frente. Para cuando el año lectivo está llegando a su fin y Estellita atraviesa por la más desesperada y lastimera de sus fases, *ella-que-se-sacrificó-toda-la-vida-para-darle-lo-mejor-a-su-hija-esto-es-lo-que-recibe-a-cambio*, la remodelación ya está terminada.

De retrete de estadio a mansión de pueblo. Una edificación parada con el solo propósito de que se note la plata. Balcones mediterráneos. Columnas jónicas. Puertas rústicas coloniales talladas. Ventanales contemporáneos en vidrio metalizado y aluminio. Una grosería arquitectónica. Estilo sobre estilo. *Métale la mayor variedad que pueda señor arquiteto*, se imagina la Flaca que dijo doña Jesusa sin la "c" intermedia, el error no es tipográfico. Pero la mayor vulgaridad de todas no son los pisos de mármol junto a los gordinflones en piedra que vomitan y mean agua de las empresas municipales en una fuente de cuatro pisos. No, la mayor vulgaridad de todas es esa casa junto a estas otras casas. *Un perpetuo baldado de agua fría para que desde nuestros sucios retretes de estadio nunca olvidáramos lo putamente pobres que seguíamos siendo.* Un taxi parquea. El chofer se baja. Le recuerda a alguien que no consigue ubicar. Le pica el cerebro, dónde lo ha visto. El tipo siente esta mirada oblicua clavada en la nuca y se vuelve. El tipo mira a la Flaca y juega con su llavero. Entonces la Flaca cae. Misterio resuelto: *La que se sacó la lotería no fue doña Jesusa, fue su hijo John Wilmar.*

Alguien es un manteco hasta en el sentido estricto de la palabra, y no sólo porque sea el hijo de doña Jesusa, la fritanguera del barrio. En el escalafón de la mafia, él es el segundón de un segundón de uno de los segundones que están al servicio, ahora sí, de los grandes capos, cuyos tentáculos se arrastraron por la ciudad que se ve desde la terraza, y por la que no alcanza a verse también, hasta devorársela toda. Entera. Este es otro de los casos en que tampoco se aplican las distinciones de clase. A todo el mundo le gusta la plata, a los pobres porque quieren salir de pobres y a los ricos porque nunca se es lo suficientemente rico, y plata es precisamente lo que estos grandes capos tienen hasta para tirar por la ventana. Alguien que se llama John Wilmar podrá ser un definitivo e indisimulable manteco, pero es el manteco de los grandes capos.

La Flaca nunca ha visto un muerto (la perra callejera que atropelló el camión repartidor del gas no cuenta). Se abre paso. La sala está llena de gente joven, *esto es igualito a una fiesta, sólo que en vez de reír, moqueamos*, los pocos viejos ocupan el sitio preferencial frente al ataúd. Una señora que está completamente ida por el espeso cóctel de tranquilizantes que debió haberse metido, tiene que ser la mamá del muerto. El calvo, que aprovecha la situación para manosear a cuanta muchachita le da el pésame, el papá. La Flaca piensa, teniendo en cuenta las circunstancias, que el suicidio no puede descartarse. Llega. El muerto es hermoso. Tanto que si no estuviera vestido de hombre, con traje y corbata, la Flaca juraría que es una mujer. Tiene una cara de ángel llena de pecas rosadas, el pelo anaranjado y un cuerpecito delicado y pequeño. *Es una muñeca*, dice la Flaca, *una princesa dormida de algún país lejano donde la manteca no existe*. En esta ciudad hasta los muertos son perfectos.

La Flaca entró a la sala de velación porque le llamó la atención el mundo de gente y las puertas estaban abiertas. Se instaló porque le ofrecieron café negro. Todos están tan elegantes, el muerto más que nadie. Ella siempre se viste de negro, pero le preocupan sobremanera sus informales botas todo terreno. Baja los ojos y ve los grumos de barro en las punteras. Ella no quiere desentonar, todo lo que ella quiere es encajar.

Se acerca a doña Ida, quien le presenta sus manos. Las tiene frías. La Flaca la atrae hacia sí, la abraza, se entrega en el abrazo, cierra los ojos, la aprieta fuerte, se le hace un nudo en la garganta y cede al llanto. La Flaca llora con el abandono de una niña pequeña en los hombros de doña Ida, mientras ella le soba cariñosamente la espalda. Después de dos minutos y medio de terapia, empieza a sentirse como nueva. Le hace el quite al calvo hijueputa y busca la salida. Cada vez que da un paso deja una costra de barro seco en la alfombra.

Es una noche enferma y deprimente. Una plasta de nubes bajas va a descargarse sobre su cabeza en cualquier momento. Pero la Flaca salió animada del velorio y la ciudad bien le gusta en todas sus formas. *Es tan pintoresca*. Un tipo trota. Suda, huele a mico, pierde fluidos y se deshidrata, el corazón va que se le estalla, jadea, también le falta aire, cada músculo se le engarrota y él se siente saludable y guapo.

—Adiós papasote.

El tipo sonríe y le pica el ojo. Dos ancianas enérgicas caminan en sudadera, un hombre maduro pasea a su french poodle. En el barrio de la Flaca cuando la gente camina por las calles es porque va a alguna parte, aquí uno puede caminar por el gusto de ver el barrio. La Flaca llega al final de la calle y dobla la esquina. El panorama asusta: es la avenida Sexta. Todavía quedan vestigios de lo que fue en otra época. Sector exclusivo de andenes espaciosos. A la gente bien le gusta sentirse a sus anchas, planeación municipal no pone objeciones y abre sus arcas. Teatros. Heladerías. Árboles a lado y lado que algún día se tocarían para evitarle el riesgo de insolación a la gente bien y purificar el aire a sus exigentes pulmones. En fin, la misma mierdita aparente y fotogénica de la que está hecho el oeste. Pero entre más se interna por esta calle, más escasas se hacen las ruinas, y más esplendores de una nueva e invasiva cultura se encuentran. Antros de colorinches que pretenden ser bares de playa jamaiquina. Hileras de cuchitriles que pretenden ser terrazas parisinas. Dos o tres nidos de ratas que pretenden ser OVNIS. Y en todas las puertas, tipos en *smoking* de ademanes rebuscados que pretenden ser elegantísimos. Los único auténticamente criollo y sin pretensiones, está en las esquinas. Jíbaros, chulos, putas, maricas, travestis, transformistas, machorras. Lo que ande buscando aquí se lo tenemos. Este es el territorio de la omnipotencia: a la avenida Sexta ya la colonizaron los grandes capos. No, ni siquiera fueron ellos. Fueron sus segundones, caballeros de temible presencia, reputación y conducta, john wilmares de fierro y oro hasta en los dientes que llegaron aquí como llegó él al barrio de la Flaca para impregnarlo de sus ostentaciones. Parlantes de cuatro pisos para que la música suene duro y compita con la de los locales vecinos, gana el que más jaquecas incube. Todo va en grande porque el tamaño sí importa. Pantallas gigantes que como hoy no juega el América exhiben hembras mojadas, lo único pequeño son los bikinis, con tetas descomunales porque el tamaño es lo que importa. Si mi Dios no las obsequió con el don natural de la abundancia, nosotros les arrancamos los pezones y por ahí les embutimos unas ergonómicas bolsitas artificiales con todo lo que les quedó haciendo falta. *Es como un sida*, dice la Flaca. *Al principio no se nota porque corroe en lo más profundo, es sólo cuando está en los últimos estadios que ataca las fachadas.* Neón. Plástico. Cristal. Aluminio. Madera. Vitral. Escarcha.

La Flaca da media vuelta y se sacude el asco. Se devuelve rápidamente por el oeste todavía libre de chancros. Se atormenta pensando que a este sida avanzado sólo le faltan tres casas para doblar la última esquina. Ella había pensado que en la ciudad bien la peste sólo iba a rozarla de paso los jueves a eso de las siete, y que el resto del tiempo sería todo paredes blancas y decorados discretos como de revista. *Qué equivocada estaba*, dice la Flaca que ya empieza a darse cuenta de que ella también es una muestra palpable de ese sida.

Llega a la avenida del Río. Se sienta en una banca. Quiere volver a llorar pero no puede. Ni siquiera la imagen del muerto hermafrodita logra conmoverla. El río es una masa de chocolate espumoso que espera la lluvia para derramarse una vez más en este invierno. Hay un mono todo lo contrario de atractivo, desteñido y fofo, en la banca de al lado. Hay una Ford Explorer rojo Marlboro parqueada detrás de él.

Lo primero que Alguien me trajo al apartamento fue un equipo de sonido Aiwa enorme con pantalla en colores luminosos. Cuando terminan de girar unos discos roji-verdes aparece de derecha a izquierda un letrero azul que anuncia la clase de música que está sonando. Salsa. Rock. Pop. Balada. Clásica. De pronto el letrero se desintegra en una explosión amarilla de ojiva nuclear, como producida en Hollywood. Entonces vienen unos puntos saltarines e intermitentes, en todos los colores, que bailan por la pantalla al ritmo de la música. Al parecer el aparato era lo último que había salido al mercado, al menos eso fue lo que dijo Alguien.

—Lo último en guarachas, mami.

A mí me pareció un puro arbolito navideño y como apenas estábamos en octubre lo empotré en un mueble de madera rústica con puerta para que no se viera. Luego Alguien me amenazó con traerse a un especialista en estucos venecianos para que pintara la paredes en llamativos colores ácidos.

—Papi, genial tu idea, pero no se va a poder porque a este apartamento ya lo empezamos a decorar al estilo cordobés.

Al hombre aquello le quedó sonando y se trajo un tapete peludo de cuero de vaca Holstein. Inmediatamente lo escondí en el vestier porque ahí no entro sino yo, y Alguien cuando le viene su ataque de rasquiña en la cicatriz queloide. Cuando el hombre protestó porque su cordobesísimo tapete había quedado tan oculto, me le acerqué consentidora.

—Ay, papi, pero si este es mi sitio preferido de todo el apartamento.

En eso no mentí. Me fascina salir de la ducha directo para mi clóset. Me fascina que las gotas de agua tibia rueden por mi cuerpo y se encharque el piso y de paso el tapete que así no tardará en pudrirse. Me fascina irme secando lentamente y sin toalla y que mi ropa tenga un cuarto entero para ella sola.

Mi apartamentico es una cosa de ensueño. Baño con vestier. Una alcoba. Otro baño para las visitas. Sala con grandes ventanales que dan a la terraza. Terraza con vista a la ciudad. Cocina integral con barra de comidas en madera. Mi apartamentico es mi refugio, es mi espacio, es el sitio donde puedo ser lo que siempre he querido y obviamente el buen gusto y la sobriedad, que significa lo contrario de exagerado y escandaloso, son la nota predominante. Todas mis paredes son blanquísimas. Todo en mi apartamentico es blanquísimo, menos el piso y la madera que es rústica y por lo tanto viene muy al natural. El único contraste es el sangre de toro bravo del sofá, un color que nunca pasará de moda.

Suena el teléfono. Doña Martha Lucía se espanta y la Flaca queda sentada en la cama. Por fin la bestia que hasta hace sólo un momento dormía plácidamente, como si nada estuviera pasando en el mundo, ahora se desgañita anunciando que sí pasa. Que hay una persona al otro lado de los cables que busca a la Flaca para decirle algo. Las cuatro palabras que de una vez por todas aclararán el acertijo del domingo: *hola, hablás con Aurelio. Que sea*, dice la Flaca, *que sea*.

Es por los momentos tan tensionantes como este, que el aparato ocupa el sitio preferencial de la mesita de noche. Basta con estirar cómodamente el brazo un poco hacia allá y ahí lo tiene uno en la mano. La foto de Estellita en cambio jamás abre la boca para hacerle gracias. Pero no hay que abalanzarse ante el primer timbrazo, *no vayan a pensar que una anda necesitada*. La Flaca lo deja sonar. Una, dos, esto ya va siendo demasiado, tres urgidas veces y nada que contesta esta flaca temeraria que en el colmo de la audacia le cede el turno al contestador automático.

–No estoy, dejame tu mensaje –dice su propia voz encajonada que a nadie dice nada de tanto que ha rebobinado el mismo cuento.

Entonces viene el pito de la incertidumbre porque no sabe uno si quien marcó además se atreve o nos deja con la intriga. Hay que cruzar los dedos. *Que sea, que sea.*

–Flacucha –dice otra voz encajonada y la Flaca se desinfla: es el Mono Estrada–, ¿dónde te metés los jueves? –le pregunta.

Cuando se deprime la Flaca no contesta el teléfono, ni aunque sea el Mono Estrada para invitarla al bar. No es que él sea importante en sí mismo, pero sí lo es su Ford Explorer rojo Marlboro que la lleva a donde Aurelio está.

–Te llamaba para ver si querías ir al bar.

Por un instante, la Flaca llega a creer que él es un enviado, si no de Aurelio, por lo menos del universo, *para que él y yo nos podamos encontrar*. Por tanto es su deber obedecerle al destino y contestar. Pero aquello es demasiado retorcido y sobrenatural: fuerzas invisibles que mueven su destino en la dirección esperada. *Demasiada bareta*, dice la Flaca. Ella preferiría, para quedar completamente segura y feliz, que su destino lo marcara el propio Aurelio oprimiendo los siete botones inconfundibles de su número telefónico. *Entonces qué, Flaquita, que pena la demora en llamar*. Pero en cambio el que sí le habla es ese mono culiseco y charlatán.

—Llamame, chau.

La Flaca se hunde en la cama otra vez. Ahora ni aunque se arrepienta, el Mono ya colgó.

El domingo vino a recogerme Aurelio en persona, dice la Flaca. *Nunca antes en toda la vida lo había hecho*, subraya la Flaca. El hecho es en sí lo bastante significativo como para dedicarle esa atención. Nunca antes habían empezado una noche juntos. Y menos porque Aurelio, en su propio carro, enganchando su propia palanca de cambios y hundiendo sus propios pedales, por la acción de sus propios músculos y el impulso de su propia iniciativa hubiera venido a buscarla. *A mí, por fin*. Era ella la única que siempre lo andaba buscando a él en el bar. Así que este hecho en apariencia tan simple (hombre recoge mujer), es un hito en su historia. El primer paso que diera Aurelio para promover el vuelco rotundo que tuvo su relación. El primer eslabón de la cadena de hechos que tiene sumida a la Flaca en la más tenebrosa de las incertidumbres.

El Mono Estrada se pasa para el asiento de atrás. Que se tire por la ventana si quiere, a la Flaca le da igual. Pero su presencia es otro hecho que también hay que subrayar. Ya va pegado a la caneca de Blanco y esto no es nada nuevo en la vida: el Mono se quiere emborrachar. La Ford Explorer rojo Marlboro está recién salida del taller de latonería, la experiencia del accidente de tránsito por andar manejando borracho está demasiado reciente en su mente y bolsillos pelados, y no querrá manejar. Eso explica del todo por qué Aurelio ha venido por ella. *Ningún primer paso*, dice la Flaca, *sencillamente el Mono le pidió que lo hiciera: recogeme a la hembrita pues.* Pero no explica para nada lo que siguió pasando después. Primer paso o no, el vuelco rotundo en su relación de todas maneras se dio. Y por iniciativa de Aurelio.

La Flaca se monta al carro y Aurelio le planta un beso más arrimado y más amoroso que el desabrido de siempre. *Y hasta me entornó esos ojos tan lindos que tiene, yo no hice más que seguir la corriente, ni boba que fuera. Mierda*, dice la Flaca a quien de pronto una idea le rasguña el cerebro: *sería todo una apuesta entre esos dos. A que me la como, dijo el uno y el otro: a que no. Y yo como una idiota caí.* Y como una idiota también va sentada ahí, porque va muy adelante y muy al lado de Aurelio y en la radio muy a media luz suena algo de Franco de Vita.

—Me fascina ese disco —algo acorde con su complacido e idiotizado estado interior le nacía decir.

Entonces el Mono Estrada se sorbe ruidosamente los mocos, los lleva hasta la garganta y le lanza un escupitajo feroz desde el asiento de atrás:

—¡SEMEJANTE MÚSICA PARA MANTECOS!

La Flaca se quiere morir. En el fondo de su alma guardaba la esperanza de que los notables esfuerzos que realiza en las áreas del donaire en la personalidad y la distinción en el vestir, hubieran encubierto su verdadera condición y ellos la tuvieran no por una igual, tampoco aspiraba a tanto, pero sí por lo menos por una que no alcanzaba a clasificar en el bajísimo escalafón de manteca. Pero ahora, con sus gustos barriobajeros, ella misma tenía que venir a enterrarse el cuchillo. *Por qué no me limité a respirar.* Seguro que la emisora cayó ahí por error, es por minucias delatoras de este tipo que la gente termina dándose cuenta quién es quién. Pero entonces ocurre algo increíble: Aurelio le sube el volumen.

—A mí también me gusta —eso dice.

Y él de manteco no tiene, mejor dicho, nada. La Flaca, airosa y triunfal, vuelve a vivir y el Mono vuelve a cargar. Está especialmente ensañado, hoy tiene ganas de emborracharse y castigar.

—ADEMÁS NO SE DICE DISCO SINO CANCIÓN —Franco de Vita lo va ocupando todo, lo dice a grito herido para que lo oigan bien y la Flaca lo oye mejor que bien.

Lo que ha dicho es que el uso de la palabra "disco", en lugar de la palabra "canción", es más vulgar aun que el propio gusto por esa música. Hay ciertas palabras tabú entre la gente bien. Está aquella por ejemplo, o "escuchar" en vez de "oír", "colocar" en vez de "poner" y, la más canalla de todas, "cabello" en vez de "pelo". La Flaca se ha ido educando al respecto, pero a veces la fuerza de la costumbre puede más y le salen barrabasadas como la que ha dicho hoy, prueba irrefutable de su estrato inferior. Pero ya nada de lo que el Mono diga la puede dañar porque a Aurelio también le gusta esa canción.

–"Te amo desde el primer momento que te vi" –canta la Flaca a todo volumen y que el Mono se coma su bollo en el asiento de atrás, porque no es precisamente en él en quien va pensando.

Idiota, dice ahora la Flaca. *Soy una güeva. El pasatiempo y al mismo tiempo el trofeo para el gran vencedor. Un juguete al que sólo hubo que darle cuerda para que fuera, él solito, a meterse a la jeta del león.* Todo esto, claro si la hipótesis de la apuesta resultara ser cierta y la Flaca espera, con desesperada ansiedad, que no lo sea. *Imposible que un par de casi treintones hechos y derechos hayan sido tan niños. Tan estúpidos. Tan capaces de semejante crueldad.* Pero no va a poder descartarla así como así. Lo que la Flaca quiere es la verdad, así sea dolorosa e insustancial, como suele serlo toda verdad. Y la hipótesis de la apuesta no sólo encaja perfectamente en la definición de verdad sino que lo explica todo:

Que Aurelio no me haya llamado: para qué, ya coronó.

Los ataques especialmente violentos del Mono en mi contra: tenía rabia, me conoce, estaba seguro de que lo iba a hacer perder.

La condescendencia de Aurelio en contraposición: a mí también me gusta Franco de Vita, esa música tan vulgar, Flaca, hoy todo lo que vos digás, quiero ganar.

La sustitución de su indiferencia de siempre por ese interés desmedido, repentino e injustificado, besos derretidores, entornadas de ojo, sonrisitas, ofrecidas de trago, prendidas de cigarrillo, etcétera y etcétera: su estrategia de seducción.

Hasta la frasecita táctica en inglés, probablemente seleccionada con gran cuidado, aunque no podía prever que no la iba a entender, y la forma como se inclinó cuando me la dijo: eso fue lo que lo llevó a coronar.

Todo, repite la Flaca y teme, con igual ansiedad, que la hipótesis de la apuesta sí sea cierta.

Llueve y por lo tanto apesta. En esta época del año los vientos vienen del norte y en el norte queda la zona industrial, orgullo de la ciudad y símbolo del progreso, que en esta época anda bastante estancado. Pero de todas formas hiede a tetrametrina, creolina, soda cáustica, alcohol etílico, metílico, propílico, formaldehído, hipoclorito de sodio, dietil toluamide, ácido acetilsalicílico, muriático, sulfúrico, gel absorbente y agentes que neutralizan olores, que colorean, que saborizan, que desinfectan, blanquean, desmanchan, brillan, preservan, conservan, protegen, combaten gérmenes, alivian y matan, y el río ya debe estar devolviéndole a la ciudad todo el cargamento de sustancias foráneas y sospechosas que ella le da. Pero la Flaca no piensa en estas cosas. Ella prefiere envenenar su conflicto interior con la circunferencia que el Mono

Estrada traza alrededor de su ojo del culo. Así se llama el tipo de la Ford Explorer rojo Marlboro, que encontró en la banca de la avenida del Río.

No es la primera vez que se trae a un desconocido a su apartamento. La Flaca se mantiene sola todo el día. Se aburre. Sale a la calle. El sol le pega en los ojos y los tipos le echan piropos. Sonríe y cuando se da cuenta ya está hablando con uno. Lo invita a su apartamento, no con la intención de tener sexo, sino para pasar un rato en compañía de alguien que no se llame John Wilmar. Pero tarde o temprano, de un modo u otro, el tipo se lo termina pidiendo y la Flaca, dándoselo. Ella es de esas personas que no saben decir que no, ella colecciona polvos por falta de voluntad. *Y todos son rarísimos*, explica. El último fue un maestro de obra, cincuentón y de impecables modales, que se fajó tremendo discurso sobre la actual depresión del sector de la construcción, que lo tenía cesante y empobrecido, antes de atreverse a penetrar depresiones aún más actuales y escabrosas. Al principio lo hizo muy respetuosamente, así como todo el señor que era: *si me permite la señorita*, pero cuando cogió confianza se le salió el indio que todos llevamos dentro. *Eso, perra. Dale, puta. Más, epa, uy, ahhh.* Y otros cumplidos del mismo estilo, de los que la Flaca no se quiere acordar. *Fue horrible.* El penúltimo fue un eyaculador precoz de profesión taxista, que no tuvo tiempo ni para terminar de metérsela.

–¿Ya?

–Ya y ahí perdonarás.

–La verdad es que sí estuvo un poquito rápido –le dijo ella hiriente.

—Lo decía por la mancha en la sábana.

Hubo uno que dijo haberse venido en seco. Gimió ronco, arrugó la frente, contuvo la respiración, estiró la pierna encalambrada, en fin, desarrolló toda la pantomima correspondiente, *pero no le salió nada de nada por ahí,* explica. Ella no le creyó, el tipo era aspirante a actor. Y cómo olvidar al locutor radial de voz acaramelada y verga flácida, al vendedor de celulares pedorro, al viajero israelita de vellos rojos, al cocinero de hamburguesas que quería que se le meara en la boca, al profesor de educación física que puso la foto de la señora sobre la mesita de noche, *mirándonos,* dice la Flaca, *en mi colección hay de todo.*

Lo que no había, hasta ahora, era un auténtico niño bien del oeste, aunque feo y alérgico a los gatos. Doña Martha Lucía no ha hecho otra cosa que paseársele por el frente para mortificarlo. *Así de malvados son los gatos, por eso me gustan tanto.* Se tomaron una botella de vino blanco Undurraga, que él compró en la rapitienda del oeste, y cuando iban por la última copa y el segundo bareto, al Mono ya se le empezó a notar cierta congestión otorrinolaringológica y una clara intención carnal.

Ahora están así: él, de pie, con su verga en el orificio de rigor y el dedo gordo por los lados del otro; ella, de espaldas a él, sobre la barra de la cocina preguntándose qué gusto le puede encontrar este hombre al hueco por donde le sale la mierda. *Qué asquerosidad,* piensa y se dedicaría a concebir insultos, producto de su rabia que ya se empieza a cocinar, si no fuera porque de pronto el Mono saca la verga para metérsela por el hueco de atrás.

La punta nada más, pero en todo caso la Flaca sólo puede pensar en dolor. *Nunca me habían metido eso por ahí.* Así que en un acto reflejo, ella se vuelve para incrustarle sus largas uñas pintadas con esmalte profesional del tono vinotinto o Debra Inés, en la nuca. Las hunde. Paga dolor con dolor. Pero el Mono no cede. En cambio se envalentona y la aprieta más hacia sí, a esta presa tan estrecha y sin inaugurar no la piensa dejar escapar. Ella empieza a bajar por la nuca con sus largas uñas hendidas, en cámara lenta, y siente con gran alivio cómo se la va desgarrando. Él introduce el pedazo de verga que aún le faltaba. *Enorme*, dice la Flaca, *porque grande sí la tiene ese feo, eso no se lo puedo quitar.* Ella grita. Él no. Él le deja el tibio escupitajo de sus entrañas adentro. Ella, la marca espantosa de su ira sexual en la piel.

Cuando se están vistiendo, la invita al bar. Además de la voz gangosa, tiene un ojo casi cerrado por el efecto que le causa el pelo maligno de doña Martha Lucía. El tipo es paticorto, flojo de carnes y bastante tetón como JAMÁS debe serlo un hombre. Póngale una joroba y ahí tiene al propio Cuasimodo en persona. Un Cuasimodo malevo que le ha dejado el culo todo adolorido, y llueve y huele mal, pero la Flaca sólo sirve para decir que sí.

Ya en el bar, el abominable revejido de Notre-Dame le presenta a su amigo de toda la vida. Este par de hombres se conocen desde los tiempos inmemorables del colegio San Juan en Centenario, que la Flaca nunca ha oído nombrar porque ella es más joven y de otro lado de la ciudad, pero se hace la que sí para no desentonar, pasando por las patinadas en la pista de Hielorama, que tampoco conoció por las mismas razones, hasta llegar a las noches de hoy en el bar.

–Manuela –se presenta la Flaca a quien el corazón se le quiere salir.

Será que me lo podía oír.

–Mucho gusto, Aurelio –contesta el íntimo amigo de la repugnante criatura que se acaba de follar.

Desde ese día, a todo lo que la repugnante criatura la invita, la Flaca le dice con gusto que sí.

Mi chocho es un bien invaluable y por eso siempre lo mantengo limpio y bien presentado. Cada ocho días religiosamente me corto los pelos para que aquello no parezca la selva amazónica. Nada más incómodo que comerse un mango delicioso y se le queden ensartadas a uno las hebras entre los dientes. Por eso me dejo mis pelos lo más bajitos que puedo, estilo la sabana africana. Luego me saco, uno a uno, con mi práctico depilador metálico aquellos pelos indómitos que nacen en mal sitio. El jalonazo debe hacerse en el mismo sentido en que nace el pelo y muy al ras. De lo contrario duele, madre mía, tremendo pringonazo, pero una está acostumbrada ya. Entonces mi chocho queda como una llanura recién guadañada, qué digo llanura si es pequeñísimo. Mi chochito queda como un minusculito triangulito invertidito, despejadito e invitadorsito, todo en diminutivito menos el antojote que provoca. Después me lo baño y me lo restriego con un estropajo, duro y escrupulosamente, por fuera y por dentro, por cada pliegue y orificio. No me lo seco sino que le rocío mi body splash *de Victoria's Secret Garden con fragancia* pear glacé. *Pero sólo un toque, el empalago no conviene. Esto lo hago todos los días porque nunca se sabe lo que vaya a pasar y hay que estar preparada. Y ahora sí, mi chocho está acicalado y resplandeciente. Perfecto.*

Mi chocho es un bien invaluable porque siempre me ha conseguido lo que quiero en la vida, sólo tengo que compartirlo con generosidad. Pero al que algo quiere algo le cuesta. Para tener lo que quiero siempre me ha tocado compartírselo al que aborrezco, la vida es así de injusta. De ahí que mi rabia no esté inscrita en mi tripa ni en mi seso como la de la demás gente, sino en mi clítoris. Mis uñas son solamente las ejecutoras de la venganza, y si me las imposibilitan para eso tengo mis alaridos. Obviamente con Aurelio no tuve que usar ni las unas ni los otros. Ni siquiera tuve que voltear la cara o darle la espalda, como hago con los otros, porque con sólo verles las caras se me revuelve el estómago. Fue tan rico.

Al fondo está la casa de doña Jesusa recién remodelada. Alguien se acerca con paso felino. Cree tener el instinto para detectar la carne fresca a distancia desarrolladísimo. No se da cuenta de que esta vez él ha sido olido primero.

–No me digás que vos sos la hija de Estellita.

–Sí te digo.

–Pero cómo has crecido, mami.

–¿Te parece, papi?

La mamá de Jenny Paola está que se muere de ganas de hablar. Pero el papá de Claudia Giovanna se le adelanta diciendo que su hija va a estudiar computación, aunque él hubiera preferido que siguiera sus pasos en el área de la contabilidad (esto lo dice sólo para disimular el orgullo que ya no le cabe en el pecho). La mamá de Jenny Paola da por terminado el comentario y empieza a hablar. Pero nadie la oye porque la madrina de Martha Zulay lo retoma diciendo que casualmente contaduría es la carrera que su ahijada escogió, aunque todos en la familia se inclinan por el servicio social. Así que la mamá de Jenny Paola, muy a su pesar, se tiene que callar. En realidad más que hablar lo que ella quiere es que la oigan bien. Por su parte, el abuelo de Gina Tatiana quien, por cierto, va a estudiar comercio, opina que la vida ha cambiado mucho pues en sus tiempos la gente no tenía otra opción que aprender el oficio de los papás. Todos concuerdan en que era así y celebran el cambio porque, según concluye la mamá de Sandra Yarleny, que seguirá la carrera de enfermería auxiliar, aquella libertad es una de las pocas cosas positivas que ha traído el tan carente de valores mundo actual.

Sólo a la mamá de Jenny Paola toda esta bazofia filosófica de coctel de graduación, vana y roída, le sabe a física mierda. A decir verdad ella se siente más propensa a alimentar su recién nacido resentimiento interior, que a oírle las sandeces a los demás. A ella nadie la tiene en cuenta, a ella todos la ignoran, ella está ahí de más. Pero en ese momento todos la voltean a mirar. *Aquí hay para todos señora madre de Jenny Paola, ahora sí venga lo suyo pues.* Los pelos de un lunar espantoso que tiene en el pliegue de la nariz se le erizan por la emoción. Le ha llegado su momento estelar. *Perdonados quedan todos ustedes señoras*

y señores padres de familia, parientes, allegados y demás.
La mamá de Jenny Paola abre la boca, la visión del impresionante lunar se minimiza ante la inmensidad de ese hoyo voraz y entre un reguero de babas deja salir una voz increíblemente nasal para decir, por fin, que su adorado retoño ya se matriculó en el Instituto Curie donde la convertirán en toda una bacterióloga. Justo aquí Estellita se escurre discretamente del grupo. Ahora le tocaría el turno de hablar y ella no tiene nada que decir.

N-A-D-A.

Mientras camina por el atestado salón de festejos escolares, siente cómo el peso de esas cuatro letras vacías la va aplastando. Toda la noche ha estado condenada a saltar de grupo en grupo sin poder encontrar un lugar donde sentirse a gusto. En el más próximo se están contando anécdotas que en su momento dieron motivo para aplicar los más severos castigos y discursos sobre la dignidad de la mujer en la sociedad. Pero como hoy las perpetradoras se han graduado quedan automáticamente eximidas de toda culpa y resulta que esos mismos que antes condenaron desde los altísimos estrados de su autoridad moral, ahora se carcajean con toda soltura y liviandad. Estellita, por fin, se puede ilusionar, en esta materia ella sí tiene montones de cosas que aportar. Por ejemplo, la vez que su hija con Francia Milena y Sophy Andrea, probaron las destrezas adquiridas en el laboratorio escolar, preparando la receta tradicional de un pedo químico, que efectivamente produjo una explosión nauseabunda y sonora cuando la profesora de religión se le sentó encima tal como lo tenían cronométricamente pronosticado. Pero, ahora, esa misma profesora, ya compuesta y perfumada, propone un brindis por las futuras profesionales, entre las que sí se encuentran la propia Francia Milena y Sophy Andrea, que estudiarán secretariado bilingüe y técnica dental respectivamente. Todos alzan sus copas y a Estellita no le queda más remedio que seguir de largo. Ella no tiene a quién celebrar.

Deja su copa de vino espumoso de manzana Champayá sobre la mesa de los pasabocas. Escoge una galleta salada y redonda. Le unta una pasta mantequillosa de hierbas y ajo. Corta un pedazo de queso holandés. Se lo pone encima. Se lo come todo de un mordisco. Coge su copa y vuelve a vagar por el salón escolar.

Todos están alegres y guapachosos. Sólo Estellita se siente estéril y apachurrada. La Flaca se le acerca. Está vestida de negro. Ni siquiera en el color del vestido fue capaz de darle gusto. Estellita le sugirió tonos más vistosos y acordes con su edad, como el violeta perlado o el fucsia festivo, pero negro quería ponerse la hija voluntariosa y negro se puso.

–¿Nos vamos? –pregunta la hija.

–Vámonos –responde la mamá.

Ella no tiene nada que hacer aquí. No es sólo que su hija no vaya a estudiar en la universidad, ni el color del vestido, lo que la tiene tan apaleada. Encima de todo está la certidumbre de que últimamente anda amancebada con un gañán de lo más rastrero y vil que hay. El teléfono suena y cuando Estellita contesta, cuelgan. Pero si es la Flaca la que contesta, Alguien le habla y ese Alguien no puede ser sino un hombre de poco fiar desde que no es capaz de dar la cara. Cómo será de solapado, malinten-cionado y criminal que ni siquiera la voz da.

Llegan a la casa. Estellita enciende la luz y se quita los tacones. El teléfono suena y, aunque ella está más cerca, ni se molesta en contestar. Para qué, le van a colgar. La Flaca corre a cogerlo y, como ya es usual, se pone a susurrar. Estellita se encierra en su cuarto. Si lo que la hija quiere es el campo libre, eso le va dar. Se quita un arete y luego otro. Ella es un estorbo. Se unta su crema desmaquillante y se empieza a masajear. *Soy una molestia, la piedra atra-vesada en el camino que dan ganas de patear.* Se oyen dos golpecitos en su puerta.

–Mamá.

–Qué.

–Voy a salir a celebrar con unos amigos.

–Ajá –responde Estellita con toda la displicencia del mundo porque ahora tiene nuevos motivos para sentirse insultada.

La hija le vino a informar, entiéndase bien, a informar y no a pedir permiso como corresponde. Estellita se quita el vestido. Trapea el piso con ella y como si no le bastara con eso le ve la cara de imbécil, *seguro eso piensa que soy.* Estellita se pone la bata de dormir. La Flaca dice "unos amigos" como si ella no supiera perfectamente que "unos amigos" no es sino uno solo. Ese sinvergüenza atrevido que no tiene reparos en tirarle groseramente el teléfono cada vez que lo alza. Pero qué se puede esperar si es su hija la que no la hace respetar. Estellita destiende la cama. Ella es un monigote pintado en la pared, *pasan por encima de mí.* Estellita se acuesta. No sabe por qué, intuición de madre, sexto sentido o que los vio conversando en el murito de afuera la otra vez, pero se le ha metido entre ceja y ceja que ese Alguien no es sino John Wilmar, el hijo de la vecina de enfrente, que además de ser mayor y tener hijos y mujer, es un confirmado mafioso como todo el barrio comenta desde que le convirtió la casa a la mama en palacio de chabacanería. *Eso es lo primero que hacen esos matones ordinarios apenas consiguen los primeros pesos malhabidos, por sus obras los conoceréis.* Estellita se arropa con una delgada cobija de dulce abrigo rosado a cuadros azules y verdes pastel, aunque sabe que no se va a dormir.

La mañana siguiente amanece con los ojos hinchados de tanto llorar. La Flaca también pero de tanto rumbear. Se siente un tanto culpable. La pobre vieja toda la noche penando mientras ella no hizo más que bailar. Bueno, y otras cositas también. Ese John Wilmar es una bomba nuclear. La Flaca sonríe para sus adentros acordándose del alto voltaje de la noche anterior, pero, por otro lado, aquí están esas negras bolsas debajo de los ojos de su mamá. Entonces se encierra en la cocina a batir huevos, picar tomate, tostar pan, exprimir naranjas y colar café. Cuando todo está listo la llama a desayunar. *Mirá, mamá, que tan mala no soy.* Estellita se come todo y hasta le da las gracias. Pero no dice más. Ni *dónde estuviste, con quién saliste, qué hicieron, quién fue ese que te llamó, maldita sea nena, es en serio esto de no querer estudiar, mirá que todavía estás a tiempo de recapacitar.* No es que la Flaca no agradezca que por fin haya un poco de paz en la casa, después de meses y meses de sermones y recriminaciones, de lamentos y azotones de puerta, pero le extraña la inaudita parquedad de su mamá.

–¿Qué te pasa? –le pregunta.

–Nada me pasa –le responde secamente Estellita, que se levanta y enciende la máquina de coser.

Pero la Flaca, que sabe que sí le pasa, empieza a buscarle el ladito respondiéndole a todo aquello que nunca le preguntó. Que anoche estuvo en una discoteca nueva que inauguraron en el sur, *vieras lo enorme que es*, que fue con Sophy y el novio y Zulay y allá se encontraron con otro poco de gente, *vieras lo lleno que estaba el sitio*, que no hicieron sino bailar, *vieras cómo me están doliendo los pies*, que quién llamó fue Zulay a avisar que ya la venían a recoger, *vieras lo rico que la pasamos*, entre el reguero de embustes también hay alguna verdad porque rico sí la pasó. Ya quisiera la Flaca decírsela toda, pero hay cosas que no es conveniente sacar a la luz estando las relaciones entre las dos tan tirantes como están. Y esta es una de ellas, más inteligente, por ejemplo, sería decirle alguna palabra tranquilizadora.

–Y mamá, por lo de no estudiar no te sigás preocupando que yo me las sabré arreglar.

Pero ni con esto consigue la Flaca arrancarle una palabra de valor a Estellita, que a todo ha respondido que ajá, con la misma displicencia de zombie de la noche anterior. *Y ya estuvo bien*, se dice la Flaca. Hasta aquí llega ella, tampoco va a molerse el cerebro tratando de adivinar el modo de contentar a su mamá. Allá ella si se quiere amargar, la Flaca en cambio va a aprovechar la feliz coyuntura para, por fin, respirar hondo y en paz. Y fingiendo que aquí todo está perfectamente bien deja a Estellita con su costura, que a su vez se queda fingiendo que aquí todo está perfectamente bien.

Después de su espesa noche de autoflagelación, Estellita ha optado por el mutismo y la indiferencia. No sólo porque es la reacción típica de quien se siente ultrajado en lo más íntimo de su ser, sino también porque está comprobado que hablar con la hija, como lo recomienda cuanta sicóloga de familia aparece en la radio, no sirve de nada y, en cambio, le da más bríos para que haga lo diametralmente opuesto de lo que se le aconseja. Indagar sobre la procedencia de esas llamadas telefónicas y consecuentes salidas misteriosas sería darle pie para que las oculte más. Advertirle que tenga cuidado con quién se está involucrando sería aventarla a los brazos de ese aparecido. Prohibirle que se siga viendo con él sería darle permiso para que le abra las piernas y se deje preñar. *Dios no lo quiera*, dice Estellita, que esta vez va a manejar las cosas con inteligencia, con la cabeza y no con el corazón, y esta vez seguro que va a ser la misma hija la que recapacite y por sus propios medios vuelva al camino del bien.

Pero en vez de eso la Flaca vuelve, después de un supuesto fin de semana en la finca de "unos amigos", con unas tetas feroces de Chicholina de tabloide amarillista. Estellita ya no puede seguirse conteniendo más. Ni debe. Es su amor de madre el que la obliga a actuar: saca la mano y le mete una cachetada.

Y luego otra.

La Flaca está recién operada, convaleciente y delicada. Quizás exagera el parte médico de su condición para agravar el hecho, ya de por si escandaloso, de que esta señora loca le pega una y luego otra vez y ahora la coge del pelo y la zangolotea para adelante y para atrás contra la pared. Está iracunda, desencajada, *nunca la había visto así*.

—¡CULICAGADA INCONSCIENTE! ¿QUÉ HICISTE? ¿QUÉ HICISTE? ¡MIRATE!

Y así cogida del pelo como la tiene se la lleva al espejo para que se mire.

—¡MIRATE! ¿SABÉS QUÉ PARECÉS?

—Sí —responde la Flaca con toda la calma del mundo—: una puta.

Estellita le pega otra cachetada, esta vez con más ganas. Ya van tres. La Flaca la sigue mirando a los ojos con la misma calma de antes.

—Y no sólo lo parezco sino que de pronto también lo soy.

A Estellita se le inyectan los ojos de sangre y no encuentra palabras para responder.

—¿Y querés saber por qué? —dice la Flaca—. ¿Querés? —repite—. Porque estas tetas y este chocho son lo único que tengo para alejarme de vos, en esta casa ya no se puede vivir.

La Flaca da media vuelta y se encierra en su cuarto. Estellita se queda con la cuarta cachetada sin elaborar. Camina de un extremo a otro de la salita de estar. Coge el teléfono pero no sabe a quién llamar. Lo tira sobre la poltrona. Va a la cocina y se pone a limpiar. Restriega el mesón y lo vuelve a restregar y lo vuelve a restregar. Estruja el trapo mojado, le entierra las uñas y el agua sucia le corre hasta el codo, lo tira y sale de la cocina. Estellita vuelve a caminar por la salita de estar, va hacia el cuarto de la Flaca, se devuelve, va otra vez y empieza a golpear.

–¿Qué querés? –pregunta la Flaca.

Estellita no sabe qué responder.

–¿Seguirme pegando? –pregunta la Flaca.

Eso no, piensa Estellita y entonces se da cuenta. Lo que ella quiere es a su niña pequeña para ponerle vestidos tan delicados que parezcan como de azúcar y moños de colores pastel en la cabeza. Quiere que todo vuelva a ser como antes. Sueños, esperanza, promesas de un tiempo que todavía está por venir. Ella no quiere esta niña crecida que ya no la necesita y hace su santa voluntad.

–Yo sólo quiero lo mejor para vos.

La voz ya no suena monstruosa y desaforada. Suena quebrada. Estellita ha vuelto a su estado normal. La Flaca abre la puerta.

–Eso está muy bien, mamá, pero a quien le toca elegir qué es lo mejor para mí no es a vos sino a mí.

Estellita entra al cuarto. Si ella viera que su hija es una muchacha madura y responsable, con una meta clara en la vida, sería tan fácil dejarla tomar todas sus decisiones. Pero en cambio lo que Estellita ve a su alrededor es todo equivocación.

–Nena, yo sé con quién andás, ese señor es casado y anda metido en negocios raros.

¿Le parece a la hija que ser la moza de un mafioso cuando podría ser una mujer independiente y profesional es escoger lo mejor?

–Puede que sea lo peor –responde la Flaca–, pero eso no cambia las cosas.

En cualquier caso las decisiones que tienen que ver con su vida siguen siendo suyas y de nadie más. Estellita se sienta en la cama. No sólo acaba de confirmar sus sospechas acerca de la identidad de Alguien, la Flaca no la desmintió, sino que además ya no tiene argumentos con qué rebatirle. La Flaca se sienta a su lado, se lleva las manos al pecho y se acuesta en la cama aparatosamente. Ahora exagera aún más sobre su estado de salud.

–¿Te duele? –le pregunta Estellita.

–Un poquito –responde la Flaca.

No todo es ganar, parte del placer consiste en dejar al oponente sintiéndose mal.

Don Gilberto va a ser el próximo y lo sabe. Las conversaciones telefónicas confidenciales entre la voz autoritaria de Washington y el diminuto señor presidente de nosotros los colombianos son explícitas al respecto, el bloque de búsqueda se ha trasladado a esta ciudad, se ofrecen cifras millonarias por información que lleve a su captura y en cada corte de comerciales por la televisión y la radio suena una terrible voz de ultratumba que dice: *También caerán.* Don Gilberto no quiere terminar como un vulgar hamponzuelo de barrio en pendencia callejera. La imagen de don Pablo, el capo más grande de todos los que han existido, tendido en el tejado entre un charco oblongo de sangre, con la barriga al aire toda sebosa y la cara agujereada, lo tiene traumatizado. Él nunca ha tenido delirios de grandeza ni paranoias recurrentes; él nunca se ha portado como un demente acosado reventando bombas a diestra y siniestra ni ha organizado secuestros masivos; él nunca ha querido llegar a santo y ni siquiera tiene la barriga sebosa. Es cierto que él sí es el segundo capo más grande de todos los que han existido, pero él siempre ha sido un Señor con ese mayúscula. Él se ha distinguido por su discreción y buenas maneras; sus hijos se educaron en Oxford, sus sobrinos en Harvard, sí: Harvard Law School, Cambridge, Massachusetts, Estados Unidos de América, la misma de John F. Kennedy y Al Gore; él tiene negocios dignos y legítimos; él es un hombre de paz, según dice a todo el que quiera oírlo.

Por lo tanto él quiere que su salida de este lío se produzca en concordancia con su pulcro y refinado estilo. Y ¿cómo actuaría un Señor que por desafortunadas circunstancias de la vida se encontrara en su penosa situación?, pues con la misma gallardía con la que piensa actuar don Gilberto: confesando sus delitos y sometiéndose a la justicia. Pero antes va a asegurarse de que esta le sea favorable y benévola, poniendo en la presidencia de nosotros los colombianos a un gordiflón patrocinado suyo (el diminuto ya está de salida), pues de ahí para abajo son muchos en el gobierno los que están de su lado. Don Gilberto podrá ser muy gentil y muy caballero pero de güevón no tiene un pelo. Ahí están ciertas cintas con ciertas conversaciones grabadas, ciertos listados con ciertos nombres y ciertos talonarios de cheques de sus cuentas cobrados por ciertos personajes públicos, todas evidencias ciertas de dineros ciertos que entregó a generales ciertos, fiscales ciertos, jueces ciertos, procuradores ciertos, magistrados ciertos, senadores ciertos y el candidato presidencial cierto, para que no olvidaran para quién tenían que gobernar en este país cierto. *También caerán.* Si no le cumplen sería él quien se daría el lujo de pronunciar esa frase pavorosa y apocalíptica, pues en su caída los arrastraría a todos. Pero como a todos nos conviene seguir como estamos, don Gilberto sabe que no habrá necesidad de llegar a tanto. Tan confiado se siente, que le da la orden a su encargado de asuntos contables para que le vaya organizando todo para su entrega.

Para evitar que el Estado le confisque los bienes a don Gilberto, tras la confesión de sus delitos, el encargado de asuntos contables se vale de un recurso eficacísimo. Traspasar, a nombre de terceros confiables, los títulos de sus propiedades, entre las que, por cierto, se encuentra un primoroso apartamentico con terraza en el oeste, que le corresponde en suerte a un segundón de uno de los segundones bajo su cargo.

A John Wilmar, así se llama el favorecido, el apartamentico le cae como anillo al dedo. Precisamente necesitaba un lugar donde poder hacerle el amor todos los jueves, a eso de las siete, a una pollita que lo trae loco, a hurtadillas de su esposa y sin las escaramuzas de la mamá de la otra, que francamente ya rayan en inadmisibles niveles de violencia familiar.

Así es, pues, como la Flaca consigue independizarse de la ya insufrible vivienda materna y, entre otras cosas, pésimamente mal ubicada por quedar muy por debajo de los niveles altísimos donde se alza la ciudad bien.

—Como quien dice, papi, que todo esto se lo debemos a don Gilberto —dice maravillada por las potencialidades que ofrece el apartamento que contempla por primera vez desde la terraza.

–Así es, mami.

–Larga vida tenga –dice dándose cuenta de que la ciudad bien está, por primera vez, debajo suyo.

Alguien siempre se la come en el apartamento y le amarra las muñecas. El Mono Estrada siempre se la come después de las rumbas en su Ford Explorer rojo Marlboro. Así se evita las congestiones nasal y oftálmica que le causan los pelos de doña Martha Lucía. Extrañamente el acoso brutal de las uñas de la Flaca le fascina. Entonces ella grita lo más duro que puede para por lo menos herirle el oído, como hace con Alguien, pero eso también parece gustarle, como también le gusta a Alguien. No hay salida. De Aurelio no puede decir mucho porque apenas se lo ha comido una vez. *Glorioso domingo.* Cómo le gustaría llegar a conocerle todas las particularidades.

La Flaca se acuesta con tres. *Sólo con tres*, aclara. Desde que descubrió que el amigo del Mono era Aurelio su colección de polvos raros quedó en veremos pues no volvió a enredarse con desconocidos de la calle, lo cual le parece una muestra infalible de su amor y fidelidad. *Lástima que Aurelio no pueda darse cuenta*, dice.

Al primero me lo como porque así puedo estar cerca del segundo. Al segundo, porque así puedo estar cerca del tercero. Y al tercero, bueno, desde que me comí al tercero ya no quisiera tener que acostarme con nadie más. Definitivamente Aurelio es todo lo que yo quiero en la vida. Me lo comí de frente y mirándolo a los ojos. Y me ví reflejada en ellos y entendí por qué a los otros siempre les doy la espalda. A Aurelio me lo comí mostrándome.

Alguien siempre se viene en silencio (si descontamos los disparos ocasionales que hace al aire). El Mono tampoco deja escapar ningún sonido de su boca. Alguna vez la Flaca le oyó decir a Madonna que no se podía confiar en un hombre que no hiciera ruido al venirse. En Aurelio sí que se puede confiar. *Qué mierda*, dice la Flaca, *apuesta o no, ¿acaso no sentiste lo mismo que yo?*

—¿Y vos cómo te llamás?

La Flaca detesta su nombre. Es demasiado cósmico, elevado por los cielos de la noche y brilloso y titilante como una luz direccional. *Estellita estaba poseída por los reyes magos cuando lo escogió. O mi papá era astronauta, Carl Sagan o poeta menor, quién será mi papá.* Pero la que se lo pregunta es nada menos que Susana Domínguez Guerrero. La indiscutible, la incomparable, la única y verdadera protagonista de sus sueños infantiles y colección de fotografías del periódico local. En estos nueve largos meses de ausencia, la Flaca ya se había resignado a que el punto de unión de su amistad con ella consistiera en las veces en que la encontraba arriba, de izquierda a derecha, o bien abajo y sentada, en las páginas sociales, recortaba, pegaba en el álbum y finalmente contemplaba por espacio de varios minutos en un acto de total silencio y solemnidad. Pero ahora ha vuelto a aparecer en carne y hueso en su casa. Y como si la sola presencia de Su Alteza Real no colmara ya los órganos donde se le asienta la felicidad, también ha venido para estrechar los lazos que las unen, formulando esta pregunta base, que como se sabe es imprescindible cuando se quiere establecer una intimidad mayor. Cómo le gustaría poder darle una respuesta más aterrizada y real, en los dos sentidos que tiene esta última palabra, para estar a la altura de la circunstancia. Digamos *Carolina Estefanía* o *Lady Di*. Ni modo.

–Estrellita –responde la Flaca.

–¿Estellita como la mamá?

–No –aclara la Flaca–. Estrellita con ere y con doble ele que sí suena.

–Ah, Estrellita –dice Susana, por fin, entendiendo y no se sabe si lo hace porque así lo siente de verdad o porque la afectación política de su papá ya se le pegó, pero, en todo caso, agrega–: qué nombre tan divino.

A la Flaca se le voltea el mundo y se le trastocan sus conceptos del bien y del mal. Donde había fétidos lodazales infestados de renacuajos, ahora hay una deliciosa laguna azul, donde se sumerge con sus flotadores de brazo porque todavía se siente insegura en las temibles artes de la natación. Así es cómo comprende, a tan tierna edad, la complicada idea de la relatividad, y después de once años y siete meses de haber aborrecido su nombre con todas las fuerzas del mal, como si fuera un tumor canceroso o una tara de nacimiento que había que estirpar, se reconcilia con él y Estrellita queda reivindicada en su derecho materno por haberlo elegido. La Flaca no se cambia por nadie. Susana tampoco, pues no ha aumentado ni un solo milímetro, como las medidas de antes cotejadas con las que le acaban de tomar lo vienen incuestionablemente a comprobar. Estellita se ensarta el lápiz en la oreja, deja el borrador a un lado y cierra el cuaderno. Aquí no hay nada para corregir, en cambio sí hay mucho que adular.

—Y la señorita quiere un modelo exactamente igual al de la vez pasada porque sabe que se le ve precioso, ¿no es verdad?

—Cómo le parece a usted el capricho de esta niña —comenta la señora Domínguez.

—No es capricho —interrumpe Susana cortante—. Es que el otro no me lo pude poner sino una sola vez y me encantaba.

—No se preocupe que igualito le va a quedar —dice Estellita mirando a la hija y luego a la mamá—. Es que definitivamente a ella se le ve muy bien el azul cielo —y se pone a admirar la tela que ha traído y que es idéntica a la de la vez pasada.

—Se la regaló el novio —dice la señora Domínguez con un dejo de picardía en la voz.

Estellita que ha comprendido perfectamente el tono alegrón de la una, le pica sagazmente el ojo y a la otra le pregunta afectando seriedad:

—¿Y es que la señorita va a ir a una fiesta con él?

—Sí —responde Susana—: a mi fiesta de graduación.

La señorita Susana se va a graduar y tiene un novio que le regala cortes de tela color azul cielo y por eso ya no hay necesidad de mandarle a traer los vestidos a Bloomingdale's. Alabado sea ese novio, es gracias a él que la señorita Susana está en la casa de la modista. *Quién será. Cómo se llamará. Cuántos años tendrá. A qué horas la irá a visitar. Se darán besos con lengua. Ya le tupirán al traque-traque-chucu-chucu. Díos mío, qué intriga, qué ganas de saber estas cosas y otras más.* Pero Estellita prefiere dedicarse a felicitar a la graduanda por el logro alcanzado, y estas señoras ya se van.

–Nos vemos el jueves –dice Estellita.

–Adiós Estellita –dice Susana y luego–: adiós Estre-llita.

Se despidió de mí. Adiós no, amiga Susana, porque ya puedo llamarte así, ¿no es verdad? Hasta pronto, en una semana nos volveremos a ver, estoy en vacaciones y por nada del mundo te dejaría de ver. Esto, claro, no se lo dice, sólo lo piensa mientras agita su tierna manito hasta que ellas alcanzan el nivel de la calle y se montan en el Mercedes Benz. Cuando la puerta de la casa ya se ha cerrado Estellita se desensarta el lápiz, agarra el borrador y se aplica a su cuaderno aumentando un par de centímetros por aquí y otro más por allá. *Si uno lo hace delante de ellas, ellas le cogen tirria a uno por lo que ellas solitas, sin ayuda de nadie se metieron por esa boquita.* Mañas de modista curtida.

Qué semana tan larga, el tiempo se arrastra lento y aparatoso como una tortuga medieval y el jueves la Flaca despierta a la mamá más temprano de lo usual.

–¿A qué horas dijeron que venían?

Estellita, que apenas va por el segundo bostezo y el primer sorbo del café, no entiende de qué le habla esta niña tan excitada, *carajo*, a estas horas de la mañana.

–¿Quiénes, nena?

–Pues la señorita Susana a medirse el vestido con su mamá.

Estellita no sabe con seguridad, tal vez por la tarde. La Flaca se baña mucho antes de lo acostumbrado en vacaciones. Escoge un vistoso enterizo a rayas en todos los colores pastel, se lo pone, se enrolla el pelo en su par de bollitos, se ata dos cintas de color amarillo pollito y se alisa el rebelde capul con el secador de su mamá. Entonces va al cofre secreto donde se guardan las cuatro joyas de la familia (literalmente cuatro) y saca la única que le pertenece. Una esclava que le regaló su madrina el día que hizo la primera comunión. *Estrellita*. Eso es lo que se lee en pomposas letras cursivas y doradas gracias al baño en oro. Su mamá se la ayuda a abrochar.

–¿Y ese milagro que te la vas a poner?

La Flaca sonríe y dice:

–Ya ves.

La tarde se demora en llegar, pero el tiempo aunque a veces se torne lento, esta es otra lección que le da su recién aprendido concepto de la relatividad, es una cosa que jamás se detiene, si uno se pone a mirar las manecillas del reloj siempre están dale que dale, firme y tenaz, así que finalmente la tarde llega. *El Chavo del ocho* no le sabe a lo mismo que las demás veces, ni siquiera siente deseos de recitar de memoria los parlamentos del profesor Jirafales y doña Florinda, al mismo tiempo que ellos los dicen cuando se encuentran en el patio de la vecindad.

Se acaban los suspiros del profesor y la doña, se acaba *El Chavo del ocho* y nada que viene la señorita Susana, *o Susana a secas porque ya somos más amigas que antes*. En cambio sí llega la noche y el noticiero y después la telenovela que Estellita todavía no le deja ver, ella no ha captado que ya casi cumple los doce y está en edad.

Al día siguiente, la Flaca se pone el mismo enterizo que tuvo bastante cuidado de no manchar con la salsa de tomate del almuerzo, las mismas cintas en la cabeza y la misma esclava. Pero Susana tampoco viene.

–¿Será que les pasó algo?

–Nada, nena, debe ser que andan embolatadas con los preparativos de la graduación.

La Flaca no está tan segura. Ya se imagina a Susana tendida en una fría camilla de hospital, cubierta de flores y con una palidez tal que sólo puede ser de tipo mortal. Sólo se convence cuando llama por teléfono la señora Domínguez a explicar que han estado embolatadas con los preparativos de la graduación, pero que seguro al día siguiente recogerán el vestido porque la fiesta es ese día. Será que habría algún problema en caso de que a la modista le tocara hacerle algún arreglito de última hora y de afán.

–Pero por supuesto que no, por ustedes dos lo que sea, ¿oyó?

Es que si pudiera también se colgaría de las manecillas del reloj para que el tiempo pasara más lento, o se detuviera del todo, pero eso ya se sale de su campo de acción, ella es una modista nada más. Estellita cuelga.

–¿Viste? –pregunta.

–Vi –responde la Flaca.

Al día siguiente la Flaca se vuelve a poner el mismo enterizo, que esta vez cepilla y desodoriza con varios almo-hadillazos de los talcos fragantes de su mamá, las mismas cintas y la misma esclava, y aunque Susana tampoco viene, a las 7:45 de la noche del sábado 24 de junio de 1989 suena el teléfono, que trae mejores y más felices noticias de las que la Flaca estaba esperando. En quince minutos vendrá un chofer a recoger el vestido azul cielo que va a ponerse la señorita Susana para su fiesta de graduación y es absolutamente imprescindible que la modista venga con él, por si necesita los arreglitos de última hora ya que nunca se lo pudo medir. Por los enseres de trabajo no se debe preocupar porque en la casa del señor alcalde de la ciudad tenemos de todo, desde hilos de los tonos correspondientes hasta máquina de coser, en sus años de recién casada la primera dama tuvo sus aficiones pero después vinieron los hijos y el talento, que, por cierto, nunca fue una cosa que dijéramos, del otro mundo, se dejó relegado al cuarto donde se guardan los chécheres. Lo único que la modista tiene que traer es su habilidad.

–¿Y yo? –pregunta la Flaca con el corazón en la boca.

–Vos también venís.

–Yupi, yupi, yupi –grita la Flaca brincando por toda la salita de estar.

Estellita no va a dejar a su hija sola en la casa, a esta hora los vampiros andan acechando las calles y ellos tienen el olfato entrenado para reconocer los hogares más vulnerables. Que se lleven todo si quieren, esas son cosas materiales que se pueden recuperar, pero esta hija es única e irrepetible, bastante trabajo, dolor de espalda y estrías en la piel le costaron incubarla durante nueve largos meses en el tibio y sustancioso caldo de su vientre maternal. Estellita se cambia la bata por un vestido de salir y la Flaca se vuelve a alisar el capul con el secador de su mamá.

A los quince minutos en punto llega el chofer del Mercedes Benz. Estellita pone cuidadosamente el vestido en el puesto de adelante y se monta con su hija en el de atrás. A la Flaca todo ahí dentro le huele a nuevo y a limpio. Está acostumbrada a los R-4 destartalados que hay en su barrio, cuando los hay, porque el común de la gente, incluidas la modista y su hija, se moviliza en oxidadas busetas intermunicipales tan apretadas de gente que cuelgan como racimos de plátanos por las ventanas y puertas. Es el aire acondicionado del Mercedes Benz el que le provoca las sensaciones, pero ella se figura que ha entrado donde la frescura primaveral es eterna y te hace erizar la piel.

El Mercedes Benz arranca y empieza a subir. Sube y sube. Su barrio de tristes casitas, todas arrejuntadas y remendadas va pasando rápidamente por la ventana y después de la subida más empinada de todas, se queda atrás. Allá abajo. En esta ciudad el concepto de barrio bajo no es sólo una figura retórica sino que tiene un profundo sentido literal. El Mercedes Benz alcanza la cima y cruza una gran avenida sin semáforos, muy rápida y circular, que la Flaca no ha visto jamás. No tiene casi buses y aquel *Blanco y Negro* va prácticamente vacío, en esta avenida hay cero alimento para su imaginación. Y ni un solo puente peatonal, aquí cada quien tiene su propio Mercedes Benz para pasar. Este en particular vuelve a subir para internarse por otro barrio. Es aquí cuando la Flaca descubre que su ciudad no es una sola sino dos muy diferentes. La suya, que está sepultada en un hueco malsano y abismal, a donde ni siquiera entra la brisa que todas las tardes refresca a la otra ciudad, y esta otra, ubicada en todo lo alto, donde vive la gente como Susana Domínguez Guerrero. El panorama que se le ofrece desde la ventana es revelador.

Los perritos tienen sirvientas en uniforme que los pasean. Las sirvientas tienen vigilantes en uniforme que las cuidan. Los vigilantes tiene cuadras enteras que los ocupan. Las cuadras tienen hileras de casas perfectas que las componen y cada casa tiene un primoroso antejardín florecido, cuidado por especialistas en la materia que la embellece más de lo bella que ya era por si sola. *Esta ciudad es tan pintoresca.* La Flaca la ve pasando por la ventana del carro y se imagina que está en una gira turística, oyendo las explicaciones del guía:

A la derecha tenemos una típica residencia de barrio alto. Un solo estilo arquitectónico perfectamente demarcado. Nada de eclecticismos vulgares ni barroquismo. Aquí todo es pulcritud y buen sentido, aun cuando se trate de una construcción de tipo rústico español, que es uno de los tradicionalmente favorecidos. Acabados de primera, pero discretos. Nada de ostentaciones ni lujos estrambóticos. Eso se lo dejamos a la gente ordinaria de los barrios de abajo que, como acaba de conseguir dinero, siente necesidad de mostrarlo. Nosotros no, porque es cosa sabida que desde siempre lo hemos tenido. En esas prácticas casetas, que ven en las esquinas, es donde se guarecen de las inclemencias del clima, impredecible en estas zonas tropicales, los vigilantes en guardia las venticuatro horas. La gente bien tiene que protegerse de la gente mal que es envidiosa y resentida y, por naturaleza, amiga de lo ajeno. Y si se fijan bien verán la multitud de cerraduras que hay en cada una de las puertas, las sólidas rejas metálicas en todas las ventanas y los complicados circuitos de las alarmas conectadas a las más modernas centrales de seguridad privada. La gente bien tampoco puede irse confiando a la buena de los vigilantes. Ellos también vienen de los barrios de abajo y con los sueldos que les pagamos son muy susceptibles a sobornos y reparticiones de bienes robados. Y después nos dicen los muy caraduras: me amenazaron con una nueve milímetros, o yo no vi nada. Nos creen idiotas. Y ahora el carro se va deteniendo porque hemos llegado a la atracción principal. Admiren, señoras y señores, tomen buena nota y disparen sus flashes *porque esa que está a la izquierda, tan blanca, tan cordobesa, tan maja y tan vigilada, es la casa de Susana Domínguez Guerrero.*

Dos tipos malencarados, que están muy apertrechados junto a la puerta del garaje, escupen sus colillas de Pielroja en la matera de barro cocido de la millonaria. Se han puesto inquietos con la llegada del carro.

–¿Y esos quiénes son? –pregunta la Flaca.

–Los guardas de la Fiscalía –responde Aurelio.

Ni siquiera en domingo descansan estos pobres funcionarios de la justicia. El ex señor alcalde de la ciudad está en arresto domiciliario desde hace varios meses acusado del delito de enriquecimiento ilícito, talón de Aquiles de la clase dirigente de este país, por haber recibido dineros de los confesos y grandes capos para financiar sus campañas políticas, y quién sabe si otros asuntos públicos o privados. Él quiso defenderse diciendo que es posible que los tales dineros sí se hayan filtrado a sus cuentas, pero que, en todo caso, él no tuvo la culpa porque fue a sus espaldas. El problema es que el propio señor gordiflón presidente de nosotros los colombianos ya agotó esa disculpa. *No ha lugar*, le dijeron, y al ex señor alcalde sí le tocó vérselas con la justicia. Aunque, por supuesto, sigue en su cómoda vivienda cordobesa de barrio alto. Tampoco le iban a dar el mismo tratamiento que a cualquier corrupto advenedizo de barrio bajo, metiéndolo en una inmunda pocilga, que eso es lo que son las celdas de las cárceles del Estado. Él es un Domínguez de los Domínguez dueños del territorio donde hoy se asienta la mitad de esta ciudad, y como aquí operan las leyes democráticas, por lo tanto, su legítimo señor, aunque ya no tenga la investidura gubernamental. Igual el trauma no debe ser tan fuerte porque en todo caso la gente bien está acostumbrada a vivir presa dentro de su propia casa con tanta cerradura, reja y alarma que le meten. En realidad si uno lo mira bien el único punto negro de todo este asunto son este par de vergonzantes trogloditas en traje que guardan la puerta, porque así todo el mundo se da cuenta de que uno está preso, no por voluntad propia como se acostumbra, sino por orden expresa de la justicia. Uno de ellos se acerca al carro.

—Buenas tardes —dice con su aliento a café trasnochado.

El Mono Estrada le quita la tapa a la caneca de Blanco que ya va en sus últimas, lo de emborracharse va muy adelantado.

—Buenas las tenga usted —dice burletero y luego le pregunta más ácido todavía—: ¿un aguardientico?

El tipo lo ignora.

—Todavía está frío —insiste el Mono provocador.

El tipo le responde con una mirada asesina, justo lo que el Mono estaba buscando.

—Vea pues lo que se gana uno por ser bien educado —dice pegándose a la caneca.

Aurelio, muy decente y muy puesto en su sitio, *tan divino*, a diferencia del necio descolorido de atrás, sí se muestra educadísimo.

—Buenas tardes, venimos a recoger a Susana.

El funcionario le echa una mirada de inspección al carro, otra de ametralladora al Mono, que levanta la caneca como haciéndole un brindis, y una ojeada sucia a las hipertetas de la Flaca. *Me provocó como escupirle en la cara*, dice ella. Pero en vez de eso le lanza una sonrisita hipócrita. *A esta gente es mejor tenerla de amiga, ellos andan armados y uno no.*

—Ya le llamo a la señorita —dice el funcionario y se va hacia la casa.

Aurelio se pone a regañar al Mono.

—Comportate, maricón, madurá.

Todo eso le dice, y más, mientras la Flaca le va quitando el seguro a la puerta, con resignación, para pasarse al asiento de atrás (con ese mono ebrio, feo y mamón). Cuando lo consigue y abre la puerta, cuando está a punto de bajarse, Aurelio se vuelve y le pone la mano derecha en el muslo, *como para detenerme y me dijo, muy quedo y muy suave y muy tierno:*

—Quedate.

Quedate, repite ahora la Flaca con los ojos cerrados tratando de revivir el instante de esa mano nervuda que traspasó sus Levi's y se le metió piel adentro. Pero no lo consigue. La memoria es un espejo. Plano y frío. Cuando uno estira la mano no toca la mano, ni siquiera la imagen, sólo el espejo. En cualquier caso, la Flaca ya no está tan hundida en la cama, porque *ese acto fue más diciente que la puta letra de la puta canción de Pink Floyd que no supe entender, que su frente en mi frente, que todas las ofrecidas de trago y prendidas de cigarrillos y baretos rotados, que todo el vení para acá, metámonos con estos caballos por allá y a mí también me gusta esa canción, que todos los actos que tuvieron lugar el domingo, incluyendo la ruidosa violencia de su descarga dentro de mí.*

Así es como la infame hipótesis de la apuesta queda descartada, y no porque se haya demostrado su falsedad, sino porque un nuevo y más feliz argumento viene a ocupar la primera página, dejando al otro relegado a las cavernas oscuras de la mente donde se guarda el material del olvido.

El domingo Aurelio me dijo que me quedara a su lado, explica la Flaca. *Me prefirió sobre Ella, la mismísima Susana Domínguez Guerrero, protagonista de mi álbum infantil e hija de un ex alcalde, preso sí, pero alcalde igual.*

La Flaca abre los ojos y un pensamiento negro la ataca, así como suelen atacar los pensamientos negros, de repente y por la espalda. *O se estaría burlando de mí. Imposible*, resuelve convencida y emperrada y altiva y ufana: *Susana Domínguez Guerrero con todos sus apellidos, refinamientos y dignidades no es mejor que yo*. Al fin y al cabo la plata que las puso a las dos en la cúspide vino de la misma parte.

Las fiestas de don Miguel tienen fama en toda la ciudad. Los encargados de mantenimiento desocupan sus contenedores de detergente importado con olor azul refrescante e hipoclorito de sodio, principio activo para desinfectar. El encargado del diseño interior, mariquísima por cierto, vestido todo de negro y con zapatos rojos, organiza las mesas así, *no, mejor asá*, es indeciso también, pone los sobremanteles a caer con esa gracia especial y los floreros a contrastar, decide que la pista de baile va aquí y el samovar del bufet por allá, *no, horrible, mejor al revés*. Los encargados del movimiento de mobiliario ni siquiera enrollan los ojos y los vuelven a mudar sin protestar. Para eso los contrataron. Los encargados de gastronomía preparan los más exquisitos manjares para el paladar en su punto exacto de cocción, los volovanes, el ragú y los estofados. Y los encargados de banquetes eligen el juego de cubiertos que les va mejor y se amarran sus corbatines de alquiler. La terraza del *penthouse* queda *como el sueño de verano al atardecer de una princesa que hace la siesta en palacio secreto de bosque encantado*. Eso dice, palabra por palabra, doña Martha Lucía, la mujer de don Miguel que se sienta a su lado en la mesa principal. Él le besa la mano, ella es la princesa que sueña en verano al atardecer etcétera y etcétera, claro está. Los encargados de seguridad se forran los zapatos en dulceabrigo, por su recomendación, para no rayar los pisos recién encerados y recargan los *walkie-talkies* mientras los invitados empiezan a llegar.

Pero definitivamente las más apetecidas de todas las fiestas de don Miguel son los remates de corrida. Dicen los entendidos que no tienen nada que envidiarle a los del Hotel Inter, porque don Miguel contrata a los mismos artistas de talla internacional que tocan allá. Mejor dicho, la cosa es al revés, porque quien los trae es el propio don Miguel y quien aprovecha que están en la ciudad es el hotel. *Albita. Juan Luis. Celia. Oscar. El Gran Combo. Cuco. Joe.* Es más, los remates de don Miguel son mucho mejores que esos pinches bailes de hotel, primero porque aquí nadie tiene que meterse la mano al bolsillo, faltaba más, todo va por cuenta de don Miguel, y luego porque el talento musical se puede apreciar desde más cerca y sin el desesperante martirio de pisotones de esa caterva furibunda y borracha de danzarines. En las fiestas de don Miguel sobra el espacio porque la terraza de su *penthouse* es monumental y sólo viene un grupo de invitados selecto y exclusivo.

–¿Quiénes?

–Pues además del propio don Miguel, don Gilberto, don Chepe, don Pacho, don Víctor, don Iván, don Henry, don Phanor, mejor dicho, todos.

–¿Quiénes más?

–Los ganaderos y los toreros.

–¿Quiénes más?

–Las directivas del fútbol, los entrenadores y los jugadores, don Miguel es aficionadísimo a ese arte también.

–¿Quiénes más?

–Los comentaristas de radio y TV, los artistas, las reinas, las modelos.

–¿Quiénes más?

–La clase dirigente de la ciudad.

–¿Iba el alcalde?

–¿Cuál? ¿Ese ojizarco de bigotico negro, que ahora está preso?

–Ese.

–Claro que iba.

–¿Estás seguro, papi?

–Segurísimo, mami, no sé ni cuántas veces yo mismo lo vi entrar por la puerta del *penthouse* con estos ojos que se me han de comer los gusanos.

La Flaca no necesita oír más, es que ni siquiera pregunta así, con su carita de ensoñación, *cómo se vestía doña Martha Lucía para estas fiestas, si con traje largo o corto, si ceñido al cuerpo o más bien suelto, si brillante u opaco, si con lentejuelas o con canutillos, decímelo todo, papi,* ella que siempre se muere de ganas por saber hasta los detalles más insignificantes, *ay, papi, por casualidad usted no se fijaba cuál marca de pintalabios se echaba doña Martha Lucía,* cómo será su obsesión por esa señora que hasta le puso a la gata el nombre en su honor. Pero esta vez la Flaca no pregunta nada más y, por increíble e inaudito que parezca, es ella misma quien le ofrece su par de muñecas a Alguien para que se las amarre porque, esta vez, la información es prodigiosa. *Alguien se merecía aquello y todo lo que pidiera y aún más.* Mientras Alguien se aplica a la tarea, suelta su feroz lamento de despechado.

–Claro que todo eso era antes de que metieran preso a don Miguel y a don Gilberto y a don Chepe y a todos los demás.

En esta ciudad, hasta el sector mafioso está en depresión.

–Ya no es lo mismo, mami, ahora no hay quien ponga la cara, ahora es una voz sin nombre que llama por teléfono, y que es de puro niño bonito, la que asigna los encargos.

–¿Niño bonito? –pregunta la Flaca–, entonces sí lo has visto.

–No, mami –explica Alguien–. Pero esas cosas se saben por la voz, el tipo es un hijo de papi.

Y sus llamadas son tan esporádicas y sus encargos tan poca cosa en comparación con los de antes, que a Alguien hasta le ha tocado, de vez en cuando, volver a su oficio original de atracar viviendas en los barrios altos, para mantener su elevado tren de gastos que incluye mujer con dos hijos, mamá con mansión lujosa y moza con apartamento en el oeste. Pero esto último no lo dice, lo de atracar viviendas, no va a romperle el encanto a su hembra que sueña con grandes capos y grandes cosas. En cambio deja escapar un resoplido agusanado que vale por suspiro. En esta ciudad todos quedaron jodidos desde que cayeron los grandes capos. Desde el hijo de la fritanguera hasta el dueño de media ciudad. Este es el último aspecto en el que tampoco se aplican las distinciones de clase.

Es martes. El bar está prácticamente vacío. Sólo hay unos pocos habituales dispersos a lo largo de la barra como las piedras enormes de un río. Levantan sus vasos, apuran, los dejan caer en la barra. El Mono le ofrece una cerveza a la Flaca, ella la acepta. Lo primero que hizo cuando la vio entrar fue alabarle el vestido. Aurelio, en cambio, ni reparó en él. Se dieron el beso en la mejilla y siguió enfrascado en su conversación con el cantinero. Pero Susana no se le va a escapar. Ella no. La Flaca se le acerca.

–Me gusta tu blusa –le dice para incitarla.

–¿En serio? –responde extrañanda–. Es de lo más vieja.
–Mira a la Flaca, cae en la trampa:

–¿Y ese vestido tan elegante?

–Es de Bloomingdale's –se llena la boca la Flaca, cruzando los dedos para que la pronunciación le salga correcta, se la sopló Alguien que acaba de llegar de Nueva York. *Blumindeils.*

En seguida explica que se lo mandaron sus papás. Dice que viven en Miami pero que de vez en cuando viajan a Nueva York. Por negocios. Dice que lo tiene puesto porque viene de un coctel en la universidad, aburridísimo, pero que le dio la ocasión de estrenarlo. Dice que todos sus vestidos se los compran en ese almacén. Está segura de que Susana va a responderle *qué casualidad, marica, a mí también.* Pero no lo hace.

–A mí tampoco me gustan los cocteles –es lo que dice.

No importa. En todo caso, la Flaca lo sabe.

–Nena, todo es cuestión de equilibrar las energías internas. Poné velas aromáticas por todo el apartamento, tomate unas goticas de valeriana, sentate en la posición del loto.

La voz de Estellita resuena por todo el apartamento de la Flaca como el mantra corporativo de un centro de sanación holística. Después de vieja la modista se volvió mística, espiritual, cósmica, esotérica, *o como sea que se llame ese tipo de gente*, dice la Flaca.

La Flaca acaba de irse de la casa. Estellita sale a comprar unos cortes de tela al antiguo almacén del turco en el centro, que encontró cerrado por remodelación. Se devuelve hacia el paradero y, de pronto, una mujer, como salida de ninguna parte, se le acerca y le coge las manos. En un primer momento, Estellita desconfía y piensa que le va a echar burundanga para quebrarle la voluntad y robarle las pertenencias que lleva en la cartera, tan escasas que el gasto de la mencionada sustancia no vale la pena. En cambio, la mujer la mira intensamente y le dice:

–Veo en tus ojos una angustia y una pena muy grandes.

Estellita, iluminada de repente, ve en los de ella una transparencia como de ángel. Se toman un té juntas (el café no es reconfortante para el alma) y se cuentan sus vidas. Teresa Gómez era una gerente de mercadeo exitosa, pero vacía por dentro. Un día el destino puso dos libros maravillosos en sus manos. Así conoció las enseñanzas de Connie Méndez y Paramajanza Yogananda. Teresa Gómez dejó su trabajo, que ya estaba empezando a verse afectado por la depresión del sector publicitario, y se convirtió en Índigo. Índigo tiene una venta de esencias florales, cuarzos, cristales, incienso, anillos atlantes, péndulos, runas, aceites esenciales, hierbas deshidratadas, piedras extraterrestres, tarot, libros de exitología, metafísica, positivismo, control mental, autoayuda, superación personal, *o como sea que se llame ese tipo de literatura*, dice la Flaca. También ofrece desinteresados consejos espirituales a todas las almas perdidas que los estén necesitando porque no hay mejor alimento para el alma que darse a los otros. Aunque también es cierto que a veces le ha pasado que consigue insultos.

Aquel día la afinidad de las mujeres llega hasta tal punto, que es muy probable que Estellita haya llegado al extremo de contarle del papá de la Flaca. *Increíble, a una extraña*. A Índigo, en cambio, esto le parece lo más natural del mundo. Ella está convencida de que Estellita es su alma gemela. Lo supo cuando la dominó el impulso repentino de alzar los ojos en plena calle y lo que encontró fue a Estellita claramente distinguible entre tanta gente. Está segura, además, de que su historia juntas no empieza ese día en el centro de la ciudad sino que se remonta a vidas pasadas. Lo más probable es que en la anterior reencarnación hayan sido madre e hija, siendo Índigo la última. Por eso, en esta, le corresponde a ella servirle de guía en el proceso de su búsqueda interna y autorrealización, pues los papeles generalmente se invierten con cada cambio de vida para que nuestro recorrido en la tierra sea rotundo. Todo eso asegura Índigo, que explica que para estar seguras del todo tendrían que hacerse una regresión hipnótica.

Estellita no sólo se traga el cuento y se hace la regresión hipnótica, donde descubre que efectivamente fueron madre e hija, en los tiempos de la Guerra de los mil días, por allá en la ciudad de Colón cuando el general Domingo de la Rosa sitió la ciudad, sino que empieza a seguir los preceptos de Índigo como si fueran la Ley. Deja el café definitivamente y sólo toma té verde, recita de memoria párrafos enteros de los dos libros maravillosos de Índigo y de otros cuantos, consulta todas sus decisiones con el I-ching y se saca la carta astral bimestralmente, se vuelve naturista, come-alpiste y vegetariana estricta, experta en numerología, aromaterapia, feng-shui y aplicada alumna del taoísmo, habla en términos de auras, chakras, dharmas y karmas, *que sólo ella se entiende*, dice la Flaca, se viste de blanco, practica yoga y medita a las seis en punto de la tarde religiosamente, en comunión con todos los hermanos zen del mundo.

Estellita se encuentra a sí misma, *lo-que-sea-que-eso-signifique*, se burla la Flaca, y se libera de los deseos fatuos que no puede controlar, como, por ejemplo, que su hija deje a ese hombre, se venga a vivir de nuevo a la casa y se matricule en el Instituto de la Moda, o que el pelo se le alise para siempre y los platos se laven solos. De esta manera neutraliza la fuente de sus sufrimientos y alcanza un estado de serenidad imperturbable, que, si Índigo y sus demás maestros espirituales no inculcaran la humildad, ella describiría como cercano al nirvana. Entonces siente el llamado de ayudar a otra gente. Por eso todos los jueves, sin falta, marca el número teléfonico de su hija. Como no le responde, deja unos mensajes luminosos, llenos de sugerencias revitalizantes y energía radiante, en el contestador automático. Ese día su hija los necesita porque ese día siempre se deprime.

—Respirá hondo y pausado, visualizate dentro de una luz sanadora, dejá la mente en blanco...

Todo eso sigue diciendo Estellita a través del contestador automático y la Flaca no soporta más el sahumerio empalagoso de esa voz insufriblemente plácida. Levanta el teléfono iracunda.

—¿Y a vos todo eso de qué te ha servido? —se lo pregunta porque sabe, de hecho, que no le ha servido de nada, aparte de andar por el mundo como una enferma terminal anestesiada—. A ver, contestame, ¿cuándo me vas a hablar de mi papá? —con eso espera dejarla callada: a nadie le gusta decir la verdad.

Estellita dice que mientras la hija no controle esas ondas negativas de agresividad que la dominan no va a poder tratar ese tema ni ningún otro. Anteriormente la disculpa era que todavía estaba muy niña para saber la verdad, todos siempre encuentran un pretexto para seguirla escondiendo. En lo único que logran ponerse de acuerdo es en colgar. Se oye el clic del desenganche. Estellita cuenta de cinco a uno y, al terminar, visualiza una cascada en paisaje paradisíaco para retornar a su reino de paz y desapego. La Flaca apaga el televisor con el control remoto, donde aparecía una cascada idéntica a la imaginada por Estellita, definitivamente el mundo está lleno de casualidades. La Flaca se levanta de la cama con grandes ímpetus. Se sacude la desgana y se llena de un deseo. Esta noche va a salir. Está decidido. Esta noche va a averiguar la verdad de lo que Aurelio siente por ella. *Con esta duda no me quedo.*

Todas las paredes son blanquísimas. Todo en esta casa es blanquísimo, menos el piso y la demás madera que es rústica y por lo tanto viene muy al natural. El único contraste es el sangre de toro bravo del sofá, un color que siempre estará de moda. Y el vestido azul cielo, réplica del primero, que Estellita puso cuidadosamente sobre él. Y los zapatos negros del muchacho que está sentado al lado. Y sus manos grandes de león dorado por el sol. Y el nudo azul de su corbata. Y esos ojos amarillos. Sus miradas se encuentran por primera vez. Él le sonríe a la Flaca. Ella le sonríe a él. *¿Será el novio de Susana?* Estellita se une al coro manso de sonrisas de cajón. Todos toman de sus Coca-Colas y vuelven a ponerlas en la mesita más próxima. El cielo raso es tan blanco como el resto de la casa, y ya no hay hacia dónde más mirar sin repetir. Sólo se oye el rumor lejano de un secador de pelo en otra habitación. Es necesario que alguien hable ya.

–¿Usted fue la que hizo el vestido?

–Sí –responde Estellita aliviada, *qué muchacho tan capaz*, ella no habría sabido por donde comenzar.

–Le quedó muy bonito.

–Muy amable –dice Estellita–. ¿Usted fue el que le regaló la tela?

–Sí –responde el novio confirmado de Susana.

–Pues tiene muy buen gusto –dice la mamá.

Buen gusto el de Susana, piensa la hija a quien se le van los ojos, esta vez con más ahínco, contemplando a semejante príncipe consorte. Pelo negro revolcado. Cejas melenudas que casi llegan a juntarse. *Y esos ojos amarillos que me iban enloqueciendo*. Sus miradas se encuentran por segunda vez. Él le vuelve a sonreír y ella a él y Estellita se les une porque el tema se les agotó. Todos toman de sus Coca-Colas y el silencio se vuelve aterrador. Ya ni siquiera está el ruido del secador en la otra habitación. Menos mal aparece la sirvienta.

–Que si hace el favor de llevarle el vestido de la señorita Susana.

Estellita brinca como un resorte de ese asiento. Coge el vestido con delicadeza y se aleja detrás de la sirvienta, por el corredor. A la Flaca se le abren dos opciones: a. Se va detrás de su mamá al aposento de Su Majestad, donde podrá descubrir las maravillas que ahí se guardan, los velos de la cama, el edredón como de azúcar, las muñecas húngaras en un rincón, el secreter de los afeites, el estuche de los aderezos, una constelación de estrellas en el cielo raso y, entre tanta maravilla, la propia Princesa Piel de Mármol y Perlas en el Cuello en la mayor intimidad, o b. Se queda con el de los ojos amarillos. La Flaca no lo duda ni por un instante. Estellita ya le contará todos los detalles y se acomoda mejor en el asiento.

–¿Cómo te llamás? –le pregunta el de los ojos amarillos como por poner un tema y la Flaca ya se hincha porque va a decirlo. Su nombre es *di-vi-no*.

–Estrellita –dice agitando sutilmente la muñeca para que su esclava suene con coquetería–. ¿Y vos? –pregunta descarada.

–Aurelio –dice el de los ojos amarillos.

La Flaca no tendría que mojarse el pelo porque hoy se lo lavaron manos profesionales con shampoo Sebastian. 4:05 P.M., peluquería Francesa. 4:28, alisado permanente. A las 5:39 estaba en El obelisco recogiendo la porción de empanadas y la picada especial que había encargado. A las 5:50, en su apartamento. Y a las 7:20 ya la tenían enhebrada, pasmada, sacudida y, al fin, desgañitada como verdulera de plaza de mercado. *Si uno no se moja la cabeza, por más que se bañe el resto, el calor no se le va del cuerpo.* La Flaca se moja la cabeza para quitarse el calor del sexo y la fritanga subsiguiente aunque eso signifique perder una generación del alisado permanente y el efecto del día uno que es el más realista. Se restriega el cuerpo con un áspero estropajo rebosante del más suave jabón acariciante. Cierra la llave roja. Teme que el chorro frío venga a atormentarla de repente, pero el agua se va enfriando perezosamente. Hasta que no se ha puesto fría del todo y no se le ha erizado el último vello del cuerpo, no sale de la ducha. Doña Martha Lucía está frente a la puerta corrediza de la ducha lamiendo las goticas de agua que han caído afuera. Hoy la Flaca quiere estar muy fresca, hoy quiere llegar al bar como una lechuga de esas que le oponen resistencia al diente.

Voy a entrar. Aurelio ya estará allí porque es muy tarde. Voy a acercarme. Hola Aurelio. Voy a ponerle el consabido beso en el cachete como si nada hubiera pasado en el mundo. Cuál domingo. Cuál Pink Floyd incomprensible. Cuál coqueteadera tuya, delicioso polvo mutuo o martirio mío toda la semana esperando la llamada que no hiciste.

Hoy la Flaca va a estar fresca como una lechuga en los dos sentidos que tiene la expresión, pero atenta como águila del desierto.

Voy a examinar detenidamente su reacción ante mi actitud y presencia. Cada gesto, cada acción de su cuerpo, cada palabra que diga, cada inflexión que ponga e intención que demuestre. Voy a pillarme hasta el menor indicio de nerviosismo, o importaculismo en el peor de los casos, porque todo puede pasar. Pero nada se me va a escapar.

Así es como va a averiguar la verdad de lo que Aurelio siente, o no siente, por ella. Por deducción, como hacen esos profesionalísimos señores del supercelebrado y archirreputado método científico. La Flaca se da cuenta de que para salir de dudas definitivamente sería más aconsejable, por ejemplo, llegarle con la pregunta directa. *Oye, Aurelio, decíme una cosa: vos qué de qué conmigo.* Pero eso nunca, jamás de los jamases, va a hacerlo.

La Flaca entra al *walk in* clóset seguida por doña Martha Lucía. El agua se escurre, el piso se encharca y el tapete peludo de cuero de vaca Holstein le hace cosquillas en la planta de los pies hasta que se empapa. Se echa una contundente atomizada de su Victoria's Secret

Garden *body splash en mi chochito lindo recién podado y ahora debidamente acicalado*, y doña Martha Lucía huye despavorida porque detesta este tipo de mecanismos. Luego se echa otra en la punta de cada una de sus tetas plásticas y una doble en las manos, que se pasa por todo el cuerpo. *Para oler a lo mismo por todas partes, esto es lo que llamo unidad en la imagen corporativa*, que, en este caso, no es visual sino olfativa.

Después voy a ver qué hace. Dónde se sienta, qué orientación adopta su cuerpo, por ejemplo, si la punta de sus zapatos se inclina hacia donde yo me encuentro, cuántas veces me busca con la mirada y cuando me mira cómo lo hace y cuando lo pillo, si se corta.

Así es como va a verificar la validez de los datos recogidos inicialmente. Con igual rigurosidad que la que se aplica en el mil-veces-probado y recontraacreditado método científico. La Flaca quiere la verdad, de eso no hay ninguna duda, se está muriendo desde el domingo por saberla. Pero si la pregunta directamente corre el riesgo de que Aurelio le diga: *Nada de nada, Flaca, siento decírtelo: desliz de un día,* affaire *pasajero, fue una noche de copas, una noche loca, como dice esa canción tan barata, pero que nos viene tan a propósito.* Por eso ni por el hijueputa va a preguntarla. Ella prefiere esta duda maldita que la está carcomiendo, a un no rotundo y fulminante. En la duda, por lo menos, se tiene la esperanza de que de pronto sea posible lo que uno quiere; y en la interpretación de los actos del otro, que tiene prevista para esta noche, así todos apunten a que el otro siente menos que nada por uno, por lo menos queda la posibilidad de estarse equivocando.

Al fin y al cabo la interpretación, por más pretenciosa y científica, es siempre una experiencia subjetiva que nada tiene que ver con la realidad del objeto interpretado.

La Flaca abre un cajón. Saca un conjunto negro de calzón y brasier de seda, o un material que se le parece demasiado. Ambas prendas tienen un moño diminuto y delicadísimo con una piedrita negra cosida en el centro. *Alguien podrá ser un definitivo e indisimulable manteco, pero gusto para la ropa interior fina sí tiene.* Se los pone. Desdobla una blusita negra ombliguera de tiritas y descuelga un pantalón negro descaderado de bota ancha. Se los pone. Todo le queda apretadísimo y ella empieza a sentirse poderosísima. Ahora sigue lo más difícil. *Qué zapatos me pongo.*

Plataformas, puntillas, botellas, rectos, cuadrados. Tengo una colección de tacones completísima. Sandalias, zuecos, cerrados, mocasines, botines.

—Mi nena barre-polvo los pies se te van a volver anchísimos —*me decía Estellita.*

Siempre me encantó andar descalza, los zapatos me picaban. Pero entonces me llegó la regla y me quedé pegada al piso. Corta, breve, escasa, minúscula, microscópica, una cosita de nada además de flaca.

—Está bien ser bajita —*me decía Estellita desde sus* 1,67 *descalza o en pantuflas, que es la misma cosa, mi papá debía ser un enano de circo que pasó por esta ciudad para nunca volver, y Estellita explicaba su teoría*—: los perfumes caros vienen en envases diminutos.

A mí me daba risa porque también los he visto en envases enormes y entonces valen el triple. Cuero, tela, charol, cabuya, sintéticos. Todos mis tacones son altísimos. Lástima que todavía me piquen.

La Flaca sale del *walk in* clóset convertida en la versión espectáculo de sí misma. Levanta el teléfono de su mesita de noche. Estellita le sonríe en el portarretratos. Coge el encendedor de las tijeritas que Alguien le regaló y lo mete a su cartera. Empieza a marcar el número de la Ford Explorer rojo Marlboro que siempre la recoge para llevarla a donde está Aurelio. Cuando va por el tercer número la alarma la siguiente pregunta: si esta noche llega al bar con el Mono, ¿no le estará dando un mensaje contraproducente a Aurelio? *Desliz de una noche, affaire pasajero, siento decírtelo, Aurelio, en realidad el mío es este gordiflón carapálida, increíble pero cierto.* Ella no quiere dar ese mensaje tan negativo y errado, pero la corriente de su pensamiento se ve interrumpida por esta otra alarma: *todavía no me he maquillado.* En realidad no es mucho lo que ella se echa. Polvos compactos, un toque de pestañina y un colorcito clave en los labios. La exageración en el maquillaje es cosa de gentes de barrio bajo y ella no es Estrellita.

Yo soy la Flaca y me llamo Manuela Fernández Cuartas. Estudio administración de empresas y mis papás viven en Miami. Vivo en un apartamento con terraza en el oeste, me pongo estas sandalias escotadísimas de doce centímetros de alto, tengo el pelo lisísimo, un chochito divino y las tetas más espectaculares que jamás se hayan visto.

Inmediatamente la Flaca decide que ya podrá maquillarse mientras la Ford Explorer rojo Marlboro llega por ella y sigue marcando el número telefónico tan segura como al principio. El primer pensamiento, ese que tanto alcanzó a timbrarla en un principio, ha quedado disuelto en la solución del segundo. Desaparecido, muerto, enterrado. Sólo fue una chispa fugaz y repentina. Alarma en falso. Desvío momentáneo. Un pensamiento de esos que como vienen se van, sin pena ni gloria, sin dejar marca, sin alterar el curso normal de los acontecimientos. La Flaca oprime el botón que le corresponde al último número y espera que enganche.

11:45 P.M.

Mis pensamientos ya iban por los escalones más bajos de la autorrepugnancia, dice el Mono Estrada. *Me decía a mí mismo: Mono, sos feo; más que feo, Mono, sos desagradable, a vos ninguna hembra te para bolas porque sí, a todas les tenés que pagar. Y enseguida yo mismo me respondía: no, a todas no, sólo a las putas. Y a las otras también, no nos digamos mentiras, Mono, todas las hembras que poseés, poseíste y algún día poseerás vienen de abajo y vos las montás en tu camioneta, las subís a este lado de la ciudad y se los das a probar, eso es lo mismo que pagar, y ahora que nos estamos diciendo tantas verdades digámonos esta otra también: la Flaca es una de esas. Mi Flacucha no, renegaba yo, ella es uno de esos casos rarísimos que no se pueden ubicar con entera claridad en la pirámide social de esta ciudad, porque ella está justo en el borde que separa el lado de allá del de acá. Mono, por favor, esa basura retórica ni vos mismo te la creés, muy bien sabés que aunque la manteca tenga apartamento en el oeste y calzoncitos de seda, manteca se queda. Se dice mona, no manteca. Pero para este caso vale manteca porque manteca es, pobrecita, hay que ver todo lo que se esfuerza por quedar bien entre nosotros la gente bien, y no sólo eso, Mono, sino que está enamorada de Aurelio. No. Sí, se lo viste en los ojos el domingo, esto no lo podés negar, ella sale con vos para estar en esta ciudad y cerca de él. No. Sí, y ya lo consiguió.*

Pero ahora toda la inmundicia de su diálogo interior podría dar un giro insospechado porque su teléfono celular ha empezado a vibrar. *Mi teléfono tiene esa aplicación, indispensable en sitios como este donde la música a todo volumen no deja oír nada más.* El Mono se abre paso por el corredor que da a la salida del bar, donde no más llegado, con entera comodidad, podrá ver la pantalla azul líquido menta *cool* iluminada de su celular para saber sin lugar a equívocos quién es la persona que llama. *Mi teléfono también tiene identificador de llamadas.* Y si es ella, si efectivamente lo que se lee en fulgurantes e intermitentes letras mayúsculas y cuadradas de calculadora digital es *l-a-f-l-a-c-a*, entonces el Mono Estrada renacerá de entre sus cenizas con todo el poderío del Ave Fénix porque eso querrá decir que aun después de ese domingo maldito ella lo sigue buscando a él.

A mí, el Mono, y no a él, Aurelio.

No hay nada que el Mono espere más en este jueves incierto porque entonces todos y cada uno de los argumentos de su acomplejante diálogo interior, tan poco edificantes para la apropiada estructuración de una sana autoestima, tendrían que ser replanteados punto por punto y desde la base misma que los erigió. No es que entonces el Mono vaya a tener la cara dura de decir que él feo, lo que se dice feo feo, no es, tampoco va a desconocer la cruda realidad, pero sí, por ejemplo, que los feos también tenemos nuestros encantos, *por el momento baste citar mi colorida personalidad.*

El alma de las fiestas, el azote de la amargura, el compositor del relajo. Lo primero era quitarle el olor a caballo, a campiña, a aire puro a toda esa gente. El Mono los va empujando uno a uno a la piscina sin entender de dónde salió tanta gente. *A la cabalgata íbamos cuatro y al remate de la cabalgata llegamos muchos.* Caen y caen como árboles muertos, si no le costara tanto trabajo enfocar los contaría y así nos daríamos una idea de la cifra. Pero él está borrachísimo.

El Mono retrocede. Las suelas de caucho rechinan en las baldosas mojadas. Se detiene y extiende los brazos. Por un momento el Cristo Rey que hay en el cerro a sus espaldas queda eclipsado por esta figura idéntica, aunque mucho más fofa, esto hay que decirlo. Pero entonces la figura fofa avanza corriendo, encoge los brazos, abraza las rodillas y pega un brinco. En el aire siente un vacío delicioso en el estómago, vuelve a sentirse niño en la pureza de ese instante y cae en bomba desocupando media piscina *que no era mía, yo ya no tengo casa con piscina. Twenty-nine years and my life is still trying to get up that great big hill of hope for a destination.* El animador público no puede permitirse melancolías.

–Música, güevón, hay que poner música –le grita al dueño del *penthouse* y la piscina en cuanto saca la cabeza del agua.

Pero Aurelio, que es el dueño, está chorreando agua y no hace caso. Apenas va por el dificultoso procedimiento de sacarse las botas y escurrir las medias, un paseo si se compara con la temible empresa que le espera de desenvainarse el *bluejean* empapado. Entonces el Mono, obligado por sus autoinfligidos deberes de maestro de ceremonias, sale de la piscina y camina con dirección al estudio de la música dejando una gruesa estela de agua y boñiga por donde pasa.

–Así no entrés que me dejás el estudio vuelto una miseria.

¿Fue Aurelio el que me lo dijo?, se pregunta el Mono. En cualquier caso sí es Aurelio quien entra al estudio, dejando su propia estela de porquería por el camino. Siempre es preferible que el estudio se vuelva una miseria por la miseria propia y no por la ajena. Cinco minutos después estaba sonando *no me acuerdo qué puso*. De lo que sí se acuerda es de la pregunta que la Flaca le hace al oído.

–¿Eso es Pink Floyd?

–No, y me abruma tu ignorancia.

¿Fue entonces cuando me quité la ropa?, se pregunta el Mono. Este pasaje también es oscuro, eso es lo que hacen los tragos, le borran a uno partes de la película. *Mientras no hayan sido las más sustanciales*, dice el Mono. Lo cierto es que ahora aparece completamente desnudo corriendo alrededor de la piscina con sus teticas bamboleándose y una botella de tequila en la mano. Le pellizca el culo a

las hembras que ya se pusieron el vestido de baño y ellas tratan de alcanzarlo para vengarse pero no pueden.

—Soy Speedy González. Ándale, ándale, ándale, arriba, arriba, arriba.

—CALLATE MONO —le gritan porque les parece insoportable.

Pero él sigue gritando y corriendo, el Mono es un espíritu indomable y a todas y cada una les pellizca el culo, menos a Luli, *que a propósito después de vieja se puso buenísima, mamacita, ganas no me faltaron.* Pero Luli tiene novio. *Y el novio mide tres metros, dos y medio cuando uno está ebrio, así que mis respetos.* Para no pasar en blanco el Mono le baja la pantaloneta amarilla que se puso el hombre, *¿yo hice eso?*, se pregunta, y por un momento sus armas de guerra quedan expuestas. *Nada del otro mundo, Luli, dejá que yo te consuele, porque feo seré, Luli, pero bien dotado.* Es justo después de este momento que el Mono descubre a Susana acurrucada y envuelta en una toalla.

Susana estaba muerta de frío, dice el Mono, *pobrecita, pero ya estaba sequita.* Después de un largo tequila deja la botella en un muro, llega hasta donde Susana con su caminadito malevo, la levanta a la fuerza y se la va llevando en los brazos hacia la piscina. Ella se resiste, patalea, grita, le entierra las uñas pero el Mono aguanta, en esto tiene experiencia, *cómo me acordé de vos mi Flacucha.* En vez de amedrentarlo la resistencia le da aún más bríos. Así es el Mono, una voluntad que los golpes no ablandan sino que afirman. Y después de varios y muy severos, especialmente aquel en las güevas, Susana acaba en la piscina, y él, exhausto por la lucha, en el piso. Entonces Susana saca la cabeza del agua y se arrima al borde la piscina. Le dice a los ojos, mimosa y muy quedo, vengativa, *con esa socarronería que tanto me fascina*:

—Vos aquí, empelotas y cagado de la risa haciéndote el payaso mientras te quitan a tu Flacucha.

El veneno surte efecto rapidísimo, serán los tragos, el sereno o que conoce de sobra al perro de su mejor amigo, y el Mono se pone a buscar por todas partes como un desesperado. *Entonces los vi.* Aurelio y la Flaca. Ella con una camiseta de él que le cubre las rodillas, él sonriente y desvergonzado, sentados muy juntos, muy aparte del resto del mundo, en los escaloncitos que dan al cuarto del hombre, mirándose. *En ese momento se me abrieron los ojos y me di cuenta de que estaba desnudo. Entonces cogí mi pantaloneta y me cubrí con ella.*

Si hay algo que me pone mal, dice el Mono Estrada, esto es, que le enturbia el humor tan folclórico que lo caracteriza y le zafa la lengua a ese genio maligno que habita en su interior para pordebajearlo con frases tipo *Mono-sos-un-asco*, o bien, *Ahí-ya-perdiste-el año-Mono-cornudo, es sentirme usado.* Ya no digamos usado por una mujer que busca acceder a la parte alta de esta ciudad, sea una manteca confirmada o sin confirmar, no se va a poner con consideraciones clasistas un feo como él, que debería darse por bien servido con el solo hecho de que lo volteen a mirar. Después de un examen de conciencia rápido y puntual, pero no por eso menos sincero, el Mono se da cuenta de que ese es un precio que está dispuesto a pagar.

Él habla aquí de sentirse usado por una mujer que busca acceder a su mejor amigo, *ese hijo-de-la-gran-puta*, su archicontrincante y enemigo natural.

En esta superposición aparentemente contradictoria de términos en realidad no hay ningún oximoron. Cuando dos hombres se llaman amigos, lo que se dice mejores amigos de andar de pipí cogido, de abrazarse en estado de total ebriedad y aplastarse mutuamente los cachetes, *porque yo a vos te quiero, güevón*, cuando dos hombres llegan a amarse con tal intensidad, es porque también se tienen un encono animal. El uno siempre pendiente del otro por el rabillo del ojo, y en ocasiones aun de frente y sin disimular, no vaya a ser que aquel sobrepase a este en alguna cosa, la longitud de la camioneta, por ejemplo, o el número de aplicaciones en el teléfono celular, en cualquier fruslería por el estilo, el objeto de la disputa en realidad no importa, lo decisivo aquí es que ese no acumule más puntos que yo, porque así es como se va estableciendo cuál de los dos es el que en definitiva tiene más güevas. Y el Mono no quiere ser el desabrido macho segundón. Él no quiere ser un medio para alcanzar un fin. *Yo quiero ser el fin.* Él quiere que las hembras lo busquen a él.

L-A-F-L-A-C-A.

Más nos demoramos nosotros en transcribir estas letras en un papel que el Mono en leerlas y producir un sentido: *y esta me busca a mí.*

El Mono no va a negar que el domingo vio lo que vio (la Flaca mira a Aurelio y Aurelio mira a la Flaca), ni que pensó lo que pensó (la Flaca ama a Aurelio y

Aurelio se la quiere follar). Y sí, sigue diciendo el Mono antes de que el genio maligno que habita en su interior le venga con suspicacias, es posible que ese pensamiento lo siga mortificando aún ahora que tiene esta evidencia tan cierta en la pantalla de su teléfono celular (la Flaca busca al Mono y no a Aurelio). Pero como ahora la tiene puede servirse de ella para argumentar que también es posible que esa mortificante idea haya sido un mero error de cálculo o interpretación. No hay que olvidar que el domingo, cuando la idea se le fijó, estaba borracho. *Delírium tremens, paranoia, celos míos, yo que sé, mi complejo de inferioridad*. Fue ese genio maligno que habita en su interior el que se la sembró, y que ahora el Mono Estrada puede darse el gusto de aplastar cuando hunde la tecla *talk* de su celular.

Las damas voluntarias se reúnen a deliberar sobre el estilo, material, color y confección de los uniformes para la campaña Emilio Contigo. Se elige un diseño clásico de corte Carolina Herrera que le va bien a toda figura, hay que tener en cuenta que en el grupo las hay de todos los tipos, incluyendo bajitas, gordas, proporcionadas, maduras y largiruchas. Se elige el holán de lino por ser una tela fresca y elegante, aunque costosa pero fondos no nos hacen falta como se irá descubriendo cuando llegue el momento. En cuanto al color se estudian el azul aguamarina y el rosa de palo. Amalia de Saa levanta la mano.

—Yo voto por el beige.

—Pero, Amalita, el beige no lo estamos considerando.

Amalia de Saa, septuagenaria, senil, dura de oído y por lo visto corta de vista también, dice: "Ah". Se elige el azul aguamarina por ser afín al color del partido político de la campaña Emilio contigo prácticamente por unanimidad sino fuera porque Amalia de Saa, septuagenaria y terquísima, sigue insistiendo en votar por el beige que nadie propuso.

Aclarados esos puntos, Martha Lucía, y nótese que su nombre no va acompañado por el correspondiente de, aunque es casada (lo sabemos por la argolla nupcial con incrustaciones de diamante, zafiro y rubí que lleva en el dedo anular), recomienda a un afamado sastre de reinas de belleza para la confección de los uniformes. Rosario de Franco no quiere sonar impositiva pero ella tiene una propuesta que las señoras no podrán rehusar. Se trata de una modista poco conocida en el ámbito local ni que decir nacional o internacional, aunque esmerada, esto tiene que decirlo, y madre soltera de una niña en edad escolar. El padre de la criatura era un músico fracasado que se hacía pasar por vendedor de máquinas de coser para desflorar sirvientas y ella, la sirvienta del apartamento vecino.

—Bueno, pero por lo menos el tipo le dejó la máquina de coser.

No, recuérdese que el tipo, que por cierto se llamaba Efraím, así con eme como lo está diciendo Rosario de Franco, era un falso vendedor de máquinas de coser y por lo tanto no tenía acceso a la mencionada herramienta. La máquina la consiguió ella solita con la platica de la liquidación cuando la despidieron, ya se sabe que sirvienta barrigona nunca rinde lo mismo y en cambio come el doble. Y cómo es que Rosario de Franco conoce todos los detalles de esta triste telenovela del mediodía.

–Porque fui yo la que la despidió.

Y que tire la primera piedra la que no hubiera hecho lo mismo o lo hizo ya. Madre soltera derrota a sastre exitoso con un fulminante nocaut, no podía esperarse otra cosa viniendo de damas voluntarias sensibles y con la conciencia social desarrolladísima, y bueno, también porque las deudas se pagan.

Después del entredía de lulo frappé y pandebonos calientes servidos por la anfitriona y esposa del candidato político, Mercedes de Domínguez, en un simpático juego de canastas indígenas en huérregue, la sesión se levanta. Lucrecia de Estrada se confunde entre las damas voluntarias que se despiden con amabilísimos toques de mejilla contra mejilla, pero una mano la rescata y le habla al oído.

–No te me vayás todavía.

Cuando las demás han salido y las puertas se han cerrado la invitan a sentarse. Un halo de misterio envuelve toda la sala. Martha Lucía, la misma que no lleva su nombre seguido del correspondiente de, saca un cheque doblado de su cartera.

–El Club América de Cali se complace en hacerle este donativo a la campaña Emilio contigo.

Mercedes de Domínguez recibe el cheque doblado y así lo conserva en su mano. Ella agradece la generosidad de la institución futbolística en nombre de su marido. El problema es que él es hincha del Deportivo Cali y por nada del mundo permitiría que dineros del equipo enemigo penetraran en su campaña política.

−Cosas de hombres, ya sabemos nosotras lo muy delicados que se ponen en cuestiones de fútbol −dice mirando a Lucrecia de Estrada−. Por eso hemos pensado en vos, Lucre amiga.

Si ella consignara esta nadería en una de las cuentas de la agencia de publicidad de su marido y luego le hiciera llegar la cantidad a las cuentas de la campaña política del suyo, sería como si en realidad el dinero proviniera de la agencia que le maneja la publicidad a la campaña Emilio contigo, tan querida por su marido, y no del mencionado y aborrecido equipo.

−No sabés, Lucrecita, cómo te lo agradeceríamos −presiona Martha Lucía.

Entonces Mercedes de Domínguez le ofrece el cheque doblado y Lucrecia de Estrada lo recibe y desdobla. La suma es millonarísima. Pero lo que más le causa extrañeza es que en vez del sello corporativo del Club América de Cali, aparece el de una empresa que jamás ha oído mencionar en su vida. Aquí hay gato encerrado. En ese momento, Amalia de Saa, septuagenaria y dificultosa, sale del baño arrastrando su caminador de aluminio. Nadie sabía que estaba ahí, se suponía que nadie más debía estar aquí.

−Si yo fuera vos no recibiría ese cheque.

−¿Por qué, Amalita?

−Pues porque todo el mundo sabe que el América es un equipo de mafiosos.

Dos horas después, ya en la seguridad de su casa de las afueras, Lucrecia de Estrada le cuenta el incidente al Mono Estrada mayor.

—Y por supuesto les devolviste el cheque —aventura él.

—Claro que no, el cheque todavía lo tengo aquí —responde Lucrecia de Estrada dándole un par de orgullosas palmadas a su cartera de piel italiana—. Cómo se te ocurre que les iba a hacer una grosería de esas.

—Claro, claro, no conviene —aprueba el Mono Estrada mayor—. Pero ahora cómo nos desencartamos nosotros del chequecito, no estarás creyendo que vamos a consignarlo.

—Claro que no —responde Lucrecia de Estada a la segunda parte de la pregunta y a la primera—: muy fácil.

En la próxima reunión de damas voluntarias de la Campaña Emilio contigo, esta vez revestida con más autoridad por ser la anfitriona, ella les va a decir: *Se me cae la cara de la vergüenza con ustedes, pero resulta que mi marido también es hincha y furibundo del Deportivo Cali, y no sólo eso, sino socio activo, él tampoco le puede hacer una cosa de esas a su equipo.*

—Obvio, obvio —responde Martha Lucía fingiendo una comprensión que no siente.

Por su parte, Mercedes de Domínguez recibe el cheque de vuelta con una sonrisa falsa pintada en la boca. Pero a Lucrecia de Estrada no le preocupa lo más mínimo la mal disimulada contrariedad de las mujeres. Ella tiene un arma secreta capaz de contentarlas en este mismo momento: su hijo mayor que va pasando con el torso desnudo porque va para la piscina.

—Jose —se lo dice así, sin tilde en la e para que el acento caiga en la o y suene más familiar—, vení a saludar a las señoras.

Abracadabra, las señoras quedan arregladas. Matadísimas.

Las inseguridades del Mono Estrada menor no se derivan del hecho de que él sea un tipo blanco palúdico, ojiverde-popó, lampiño y blandengue ahí en el pecho justo donde la carne viril más se debía templar. Se derivan del hecho de que él es todo eso en contraposición a ciertas hierbas del pantano que tienen la piel tostada, los ojos miel, el cuero todo poblado de vello y no digamos que el pecho fornido para no exagerar, pero sí, por lo menos, la teta dura y rectangular. *Mi hermano Jose, por ejemplo, es una de ellas.* Pero la cierta hierba del pantano que más le ha dolido en su vida definitivamente es Aurelio. Aurelio es su Némesis. *Él es mi Bizarro, ese figurín que es igualito a Superman pero todo lo contrario de Superman, malvado, contrahecho y perdedor. Está bien, Bizarro soy yo y él, Superman. Aurelio me humilla.* Lo humilla sencillamente porque él es un tipo bien plantado y gustador, *y yo no.*

Las hembritas empasteladas se ven inmundas, dice el Mono Estrada. Él las prefiere con un *look* más natural. Mojadas y desnudas, por ejemplo. Pero ellas juran que empasteladas se ven divinas, algo le tiene que decir a esta.

—Luli, te ves rarísima.

—¿Rara bien o rara mal?

El pelo enlacado, tieso y exuberante con ese copete Alf que ya se le iba erizando por el contacto con los ele-mentos, *y eso que el aire acondicionado de mi* R-9 *rojo Marlboro, siempre me ha gustado ese color, iba a* full *en consideración.* Los gorditos apretujados entre esa morcilla de colorinches que se había puesto. Tres severas capas de base, polvos compactos y rubor para disimular los granos que de todas maneras seguían ahí. Brotados y escalofriantes. Una máscara, un emplasto, un parche que en vez de atraer como pretendía, repelía. Tanto sacrificio y esfuerzo, plata, sudores, tirones de pelo, pose de estatua durante toda la sesión, *y para qué*, pregunta el Mono Estrada. *Para seguir pareciendo el mismo bagre de siempre*, responde: *Pobre Luli, un gurrecito, sólo que emperifollado para la ocasión.*

—Rara irreconocible, Luli.

—O sea mal.

—Mal no, Luli, no me malinterpretés, quizá rara no es la palabra, cómo te lo explico, te ves distinta, como si esta Luli fuera otra Luli, ¿ya me vas entendiendo?

—No —dice ella que en cambio se le va enseriando, retrayéndose como un molusco en su caparazón.

La idea no era indisponerla sino irla trabajando para tenerla contenta y ablandada en el remate de la fiesta porque feíta y empastelada, pero buenas tetas sí tenía la Luli, poderosas y chupables, dice el Mono Estrada, *menos mal llegamos en ese momento*. Así puede desentenderse del tema escabroso fingiendo que la parqueada del R-9 rojo Marlboro es asunto aún más escabroso. Lo deja a punto, lo apaga, se baja, le da la vuelta, le abre la puerta a Luli y ella se baja. *Es que ni caminar podía con esos tacones.* El Mono no comprende por qué las mujeres se complican así la existencia.

–Y ahora cómo vas a hacer para bailar, porque, Luli, en la fiesta no te pienso dejar sentada ni por un segundo.

Ella sonríe y el Mono cree que felizmente ya el tema *look* quedó en el olvido. Ahora habrá que actuar con inteligencia y no volver a mencionarlo ni por equivocación.

–Buenas noches.

Una señora y una niña con caras de barrio bajo que van de salida les abren la puerta.

–Buenas las tengan ustedes.

Serían una de las sirvientas y su hija que se iban de día libre, dice el Mono Estrada. *O alguien del programa Menos Favorecidos de la alcaldía que andaba lagarteándole favores al señor alcalde, la gente si es desconsiderada, y qué tal esa harapienta usando a la niña en su propio beneficio para ganarse simpatías, no hay derecho, bonito ejemplo el que le estaba dando.*

Las dos mujeres se alejan de la casa y Luli y el Mono entran. Aurelio está sentado en la salita de estar con una Coca-Cola en la mano. Alcanza a levantarse pero no a estrecharle la mano al Mono ni a besar a Luli con los correspondientes cumplidos, *te ves rara, Luli. Gracias al cielo que no alcanzó a azararme de nuevo el ambiente, porque en ese momento apareció Susana en las escaleras y todos nos quedamos sin habla. Susana empastelada pero, cosa increíble, aun así, divina. Es que hasta el caminadito con tacones le sentaba de maravilla, maldita sea mi vida,* el Mono casi se muere de la ira.

Afuera estaba el R-9 rojo Marlboro que me había regalado el viejo por mi graduación del colegio. No es por picármelas, pero él era el dueño de la agencia más cotizada y no porque le hubiera hecho la publicidad a la campaña ganadora de la alcaldía sino por la cantidad de premios que ya no le cabían en las estanterías. Mejor relacionado y posicionado no podría estar yo en esta ciudad. Y como si no bastara con todo aquello, yo tenía una casa en las afueras con jardines y piscina, cuatro perros bóxers con papeles, una iguana y dos pavos reales con sus crías. Y quién era Aurelio. Si Aurelio tenía clientela en el pinche almacén de telas de su papá en el centro era porque nosotros le hacíamos el favor de publicitarlo. Si Aurelio tenía en qué irse a la fiesta de graduación era porque yo le hacía el favor de recogerlo. Si Aurelio estaba parado, donde ahora estaba parado, mirando con cara de idiota a quien estaba mirando era porque yo le había hecho el favor de presentarlo. Aurelio no era nadie y si había llegado a ser alguien era porque yo era su amigo, es que a sus diecinueve Aurelio ni siquiera había ido a Disneylandia. Pero Aurelio, tan poca cosa y tan muerto de hambre como era en ese entonces, tenía a Susana, la más linda de la promoción 1989, porque él, aunque tenía barros en la cara y era un triste langaruto, todavía podía ser catalogado como carilindo y cuerpiduro y yo, no.

El Mono Estrada se arregla la corbata mientras Aurelio besa a Susana. *Pobre Luli no*, se corrige, *pobre yo que andaba con Luli, la amiga de la hija del alcalde y escoba de la fiesta.*

Lo segundo era separar a ese par, dice el Mono Estrada. Ni güevón que fuera, él no se va a quedar cruzado de brazos mientras le quitan a su hembra. Hay que actuar con inteligencia pero más que eso hay que actuar ya. Antes de que los ardores del uno y la debilidad de la otra los vayan derivando a recintos más privados, oscuros, románticos y con cama *king size* de colchón resistente a los rebotes salvajes de la fogosidad más gimnástica. Un cúmulo de exigencias todas reunidas a cabalidad por el cuarto de Aurelio, que les queda a la alegre distancia de medio escalón y, por tanto, muy tentadora de rebasar. La ocasión hace al ladrón, *y yo me dije: Mono, es hora de sacarlos de aquí.*

Con el germen de esta idea prometedora dándole vueltas en la cabeza, junto a la mezcla variopinta de tragos que se ha metido, el Mono llega al estudio del *penthouse*, apaga la música, prende todas las luces (*porque la oscuridad va de la mano de las ganas de intimidad*), vuelve a la terraza, se ubicaría en el centro si la piscina no ocupara precisamente ese lugar, se hace a un lado entonces y se pone a gritar:

—ÓIGANME BIEN TODOS USTEDES, PARTIDA DE INCONS-CIENTES ESCANDALOSOS, LA GENTE DE LOS APARTAMENTOS VECINOS MERECE RESPETO, VÍSTANSE TODOS QUE NOS VAMOS AL BAR PARA QUE ELLOS PUEDAN DORMIR EN PAZ.

La Flaca y Aurelio, claro, son los primeros en resistirse.

–Andá vos que nosotros estamos bien aquí –dice él, y luego mirando a *mi* Flaca–: ¿cierto? –*solamente para restregarme en la cara lo privilegiado de su situación actual.*

–Sí –responde ella y luego, quizá para moderar la medida tan desproporcionada de su descaro, *me miró a mí*–: Monito, más bien le bajamos el volumen.

–No, Flacucha, dejá tu egoísmo y pensá en los demás.

–¿Y desde cuándo te empezaron a importar los demás? –pregunta Aurelio.

Ese güevón estaba buscándome el quiebre porque sabía perfectamente que mi verdadero interés no eran ningunos vecinos, que además de valerme tres pelos del culo debían estar en las playas de San Andrés, Cartagena o por lo menos en las del lago Calima, porque el lunes siguiente era festivo, sino alejarlo de cierta flaca, objeto de la lucha que ya se traza subrepticiamente aquí.

–Desde que llamó el portero del edificio a transmitir las quejas no de uno, ni dos, sino de tres apartamentos –dice el Mono celebrando el apunte que no había planeado decir.

Le fue saliendo en respuesta, como defensa a los ataques de Aurelio, *que nunca en la vida ha tenido el menor reparo,* explica el Mono, *en pasar por encima de los sentimientos de sus más viejos y entrañables amigos, quitándonos las hembras que por derecho propio nos corresponden, pero que es la mata de la honorabilidad en lo que respecta a los derechos de extraños que acaso si ha visto un par de veces en el ascensor.* Por ese lado lo iba a atacar.

–¿El portero llamó? –pregunta Aurelio dudoso.

–Llamó –responde el Mono segurísimo.

–¿Y por qué no lo oí?

–Pues porque la música estaba sonando durísimo, güevón.

–Pero si aquí no más hay un citófono que de haber sonado hubiera oído –dice Aurelio señalando su cuarto.

Con este pequeño pero perturbador detalle no contaba el Mono. Él tampoco conoce cada rincón del *penthouse*. Afortunadamente sí conoce recursos para salir airoso de situaciones comprometedoras.

–Te estarás quedando sordo entonces.

–Y yo también –dice la Flaca suspicaz–, porque tampoco oí ningún citófono.

–Mono, estás ebrio y alucinando –dice Aurelio condescendiente–. Más bien tomate otro a ver si se te pasa.

Aurelio se ríe. *Sabía que mi desprestigio era su ganancia.* La Flaca se ríe. Todos se ríen. *Lo celebraban a él y se burlaban de mí.* De director de cuadrilla ha pasado a ser el enano bufón y el novio de Luli le entrega una botella de ron.

–Dale, Mono, tomátelo, yo tampoco me quiero ir de aquí.

–Eso, quedémonos, voy a poner música otra vez –dice Luli en la distancia.

De todo esto sí se acuerda perfectamente, sin lagunas ni agujeros negros, lo ve todo claro y espléndido como si a la memoria le gustara restregarnos los recuerdos que más daño nos hacen. El Mono se toma un trago largo y lento para saborear toda la acritud de su decadencia. Este pobre hombre sólo quería defender sus querencias y lo único que ha conseguido, aparte de convertirse en el hazmerreír, es que su querencia se le atrinchere en territorio hostil. *Más de lo que ya estaba.* Ahora el Mono lo ve todo oscuro dentro de él y también por fuera pues se apaga la luz. Así la Flaca y Aurelio pueden volver a sus cuchicheos privados como si del resto del mundo ya no quedara más y al Mono le da por pensar que va a tener que armar un berrenchín. Pero, de pronto, las luces se vuelven a prender. Es Susana. *Mi Susanita cara de ángel y alma de bestia.*

—No pongás música, Luli, que lo de tenernos que ir va en serio —dice.

—¿Por qué? —pregunta Aurelio—, ¿acaso le creés lo del citófono?

—Sí.

—¿Vos también lo oíste?

—Más que eso —dice muy seria—. Fui yo la que lo contestó.

Todo se queda en silencio. Tan convincente es el tono, el ritmo y la contundencia que Susana le ha impuesto a sus palabras que ya nadie puede permitirse la duda. Eran dos los testigos del sonido que no se había producido, tenía que ser cierto, entre más consenso hay más realidad se crea. *Susana, qué nariz tan larga*, dice el Mono para sus adentros y luego en voz alta, corroborado y triunfal:

—No les dije yo —y aprovechando la complicidad ganada, ya no suelta la palabra—: Susi, mostrale a la Flaca el baño de las visitas y vos, Flacucha, te me vas parando de ahí y te me vas a arreglar que esas no son fachas de andar por ahí. Aurelio, vos venís conmigo.

Sí, señor, no lo dice la boca de Aurelio, pero sí su actitud porque el Mono se lo va llevando manso y ensimismado hacia el cuarto.

–¿Y yo por qué no oí el citófono? –pregunta.

–Flacucha, ¿dónde andabas?
　–Hola, Monito.
　–¿Dónde andabas?
　–Haciendo un trabajo para la universidad.
　–¿Qué? No te oigo bien.
　–HACIENDO UN TRABAJO PARA LA UNIVERSIDAD.
　–¿Y acabaste?
　–Sí.
　–Ah.
　–¿Estás en el bar?
　–Sí
　– Se oye la música.
　–¿Qué?
　–QUE SE OYE LA MÚSICA.
　–¿Oíste mi mensaje en el contestador?
　–Sí.
　–¿Querés venir?
　–Bueno.
　–¿Te recojo?
　–Bueno.
　–Ya voy por vos.

–Bueno
–Chao.
–Chao.

¿Vos dormís parado?, me preguntaban en el colegio quienes
querían hacerse los chistosos. O bien me gritaban de lejos:
ahí va el pato, el gato con botas, Piegrande, el abominable
hombre de las nieves y todas sus demás denominaciones
incluyendo la de Gigantopithecus, el terror de la hormiga,
Mono, por favor, no nos pisés que vos sos el enano feliz.
Yo no me dejaba amedrentar. Todo lo contrario, yo les
celebraba los chistes y no porque supiera que entre más
gusto les dé uno ofendiéndose, más éxito alcanzan ellos y
más ganas les dan de seguir jodiendo. Yo me reía porque
de hecho me daba risa. Tanto ellos como yo sabíamos por
las clases de biología, y las consecuentes investigaciones
prácticas en nuestras anatomías, de las correspondencias
que existen en las proporciones de ciertas partes del cuer-
po masculino, y todos esos güevones podían ser más altos,
acuerpados, peludos, viriles, bien plantados y chistosos que
yo, pero ninguno superaba, ni llegaba a rozar siquiera, el
número 43 que sólo calzaba y sigo calzando yo, el enano
feliz, esa es la verdad. Y a mucho honor.
    –Se les agradece el cumplido, señores, y por favor no se
me resientan que hay quien dice que el hombre no para
de crecer hasta los veinticinco, yo por mi parte me siento satisfecho ya y no siendo más los dejo disfrutar de su
recreo en paz.

El Mono oprime la tecla *end* de su teléfono celular y se guarda el teléfono en el bolsillo delantero de su *bluejean*. Es entonces cuando se regala una sonrisa de autosatisfacción. Es el genio benigno, complaciente y adulador, que también habita en su interior, que ya se espabila. El Mono se jala el cuello de la camisa Polo azul oscuro hacia atrás y empieza a caminar con un tumbadito que recuerda al de Pedro Navaja con dirección a la Ford Explorer rojo Marlboro, que lo espera con las puertas prácticamente abiertas, pues se ha servido del control remoto de su llavero para quitar los seguros, *mi camioneta tiene esa aplicación*, y él se siente guapo y matador.

La Flaca, no una hembra cualquiera sino la hembra por la que aquí dos hombres se juegan el honor, *me buscó a mí*. Y no estaba como se lo había venido figurando en los arrebatos más sucios de su podrida imaginación en las fauces de Aurelio, como cabía pensar porque casualmente él tampoco ha aparecido hoy, sino haciendo un trabajo para la universidad. Eso le dijo ella y él le creyó. Aplicada y juiciosa, pues, estaba mientras él, gusano malpensado, la injuriaba en su mente. Pero eso ya debe quedar atrás, en el pasado remoto de un domingo que hay que borrar, y dedicarse a mirar las confortantes imágenes que le trae el presente de este jueves brillante, donde la Flaca aparece con sus compañeras de estudio. Todas eran mujeres. Así las ve para no ir a empañar ni en un solo punto la valía de su virtud, irresistiblemente linda y desesperada entre ecuaciones y algoritmos que la impaciencia no le dejaba resolver pues se moría de ganas por terminar, volver a su casa y revisar el contestador automático para ver si la había llamado él. Cuál sería su emoción cuando efectivamente encontró su mensaje en el contestador. *Y por qué sentía tal urgencia de vos*, se pregunta el Mono Estrada que siempre lo interroga. *Pues porque el sexo amarra*, se responde el Mono Estrada que siempre le responde, *y yo me la como, es verdad que una que otra vez y siempre después de las rumbas, pero Aurelio ni siquiera se la ha comido así.*

Ahora sí, 11:54 P.M. del jueves, a cuatro días del inicio de la incertidumbre, el Mono se termina de convencer de que el domingo las cosas no pasaron a más. Pura coquetería inocente. A las mujeres siempre les hace falta confirmar que de hecho siguen resultando atractivas para individuos del sexo opuesto diferentes al propio, cuyas demostraciones de afecto y pasión tienden a espaciarse en el tiempo. El hombre es muy descuidado en este aspecto de tantísima importancia para la alimentación del amor, que este llamado le sirva al Mono Estrada.

Regla 1: Siempre tener presentes las necesidades femeninas de atención.

Así la Flaca no tendrá que volver a buscar por otros lados lo que él mismo le puede dar y con mucha, pero mucha, mayor efectividad. *No estarás insinuando que tenés ventajas competitivas con respecto a Aurelio*, se pregunta él. *Insinuando no, afirmando*, se responde también él. *Y qué te hace sentir tan seguro. Veamos*, se dice, *Aurelio nunca fue uno de los que en el colegio me molestó por el número de mis zapatos. No. Y por qué no. Decímelo vos. Pues porque el hombre tiene serias inseguridades en lo que respecta al tamaño de los suyos, está clarísimo, aunque mucho más alto que yo, apenas si llega al cuarenta, entiéndase bien, cuatro-cero-cerrado-ni-una-sola-décima-más, y ya sé, ya sé,* sigue diciéndose antes de que le vengan a revirar, *el tamaño no es lo más importante. No. Pero de todas formas importa, o me equivoco. No te equivocás. Y yo no sólo calzo 43, sino que domino las artes del ritmo, del saber buscar y encontrar esos puntos a veces tan esquivos y, sobre todo, del saber esperar. Eso es verdad, Mono, y no porque lo digás vos sino porque lo dicen ellas. Y de Aurelio qué hemos oído decir en todos estos años. Ni mu. Ni tampoco hemos visto marcas de uñas en su piel como las que me deja la Flaca en la piel. Tampoco. Y aun suponiendo que sí hubiera pasado algo entre ellos dos, que como sabemos no pasó, de todas formas ella me llamó a mí. Sí. Por qué. Pues porque el buen sexo amarra más. Lo que quiere decir que aunque sí se la hubiera comido, aparte del natural sentimiento de orgullo herido que el hecho traería,* el Mono de palo no es, *en realidad no tengo nada que temer. No. Aurelio se la puede comer pero no me la puede quitar. No. Y qué conclusión se extrae de todo esto. Se extrae, Mono, que en el aspecto de la satisfacción sexual femenina tan definitivo e importante para la constitución del concepto varón vos le ganás a él. Que conste que no lo digo yo.*

El Mono Estrada, macho alfa indiscutible de la tribu que se reúne en el bar, llega con las ínfulas de su debidamente certificada reputación de buen polvo hasta la Ford Explorer rojo Marlboro y, hablando del rey de Roma, esto no puede ser, *a quién veo llegar.* Nada menos que al polvo más desacreditado de todo el oeste, el mismo Aurelio en persona. Tarde como siempre. *Ese hijueputa lo hace a propósito para darse importancia, todo en él es cálculo y premeditación, para que al momento de entrar al bar todas nuestras hembritas se nos distraigan volteándolo a mirar a él, el más bello espectáculo de la noche que hace su entrada triunfal. Pero hoy la cosa no te va a funcionar, no conmigo perro traidor, hoy yo llevo las de ganar y no te me desesperés que ahora mismo te voy a explicar por qué.*

–¿Cómo vamos, mijo? –el Mono lo saluda con sobradez, lo de mijo no fue escogido al azar sino para ponerse por encima de él y de una vez establecer las jerarquías en las que se desarrollará esta conversación.

–Todo bien –responde él–. ¿A dónde vas?

–A recoger a la hembrita.

–¿A cuál hembrita?

–A cuál va a ser, pues a la hembrita.

–¿A la Flaca? –pregunta extrañado, *como si la Flaca no fuera mía sino de él.*

El Mono abre la puerta y se monta en la Ford Explorer rojo Marlboro para decírselo desde estas alturas inconmensurables.

–Sí, güevón, a la Flaca.

–¿Te llamó?

Que si me llamó. El Mono saca el celular y lo pone sobre el tablero de la Ford Explorer rojo Marlboro, y no sólo porque le causa molestias llevarlo en el bolsillo delantero del *jean* cuando está sentado.

–Me llamó –dice.

Y si acaso la duda lo está embargando, como parece, ahí tiene al alcance el aparato que le permitirá verificar la realidad de este hecho en el archivo de llamadas recibidas, *mi teléfono también tiene esa aplicación,* pero ya ve el Mono que no va ser necesario pues su sola palabra lo ha convencido. *Estamos entre caballeros, ya decía yo.* Y no siendo más el Mono enciende la Ford Explorer rojo Marlboro.

—Nos vemos ahora —le dice—. No me demoro.

Cierra la puerta. Deja a Aurelio mudo y afuera, al otro lado de un vidrio cortante y ahumado que apenas si deja entrever a este Mono poderoso que hay en el interior y que ya se va: *Tu papá que calza 43.*

La Ford Explorer rojo Marlboro es una mancha de lujuria en esta noche tan quieta y el Mono siente que ningún carro le podía ir mejor a su personalidad. *Cómo te quedó la cara, güevón.* Para comprobarlo se asoma al retrovisor. La ciudad es un vacío oscuro que se lo quiere devorar y un hombre solo camina hacia un bar. El Mono lo ve tal como es: un tipo flaco y desbaratado. También aparece disminuido, pero este es sólo un efecto causado por la distancia, la curvatura del espejo retrovisor y su actual delirio de superioridad. *Una hiena*, dice, *siempre acechando, siempre esperando hacerse con la presa ajena.*

Las juventudes de la campaña Emilio contigo presentan sus propuestas de acción. Las hay sosas, estereotipadas y hasta de dudosa legitimidad como la insinuación de canje de votos por tragos de aguardiente, ni que no fuera una práctica de lo más común. Pero definitivamente ninguna resulta tan espectacular como la del Mono Estrada que propone la instauración de un parque de atracciones en una zona central de la ciudad. Así se les facilitaría el acceso tanto a los jóvenes de los barrios de acá como a los de los barrios de allá. Ellos también tienen derecho a divertirse alguna vez, no todo en sus vidas tiene por qué ser miseria y marginalidad, y menos cuando se acercan las elecciones y ya están en edad de votar. Habría pues montaña rusa, tren del amor y la infaltable modelo en bikini que tras una serie de extravagancias ópticas se transforma en un gorila feroz, atacando así las tres necesidades básicas de emoción, a saber vértigo, romance y terror, de las que está ávida la juventud, aunque no hay que excluir del todo a los viejos, que también los hay de espíritu audaz.

–Todo esto bajo el lema de la campaña Emilio contigo hasta en la aventura –dice el Mono Estrada–. La adición es de mi cosecha personal.

Aunque la propuesta no carece de gracia, como lo prueba la explosión de júbilo que provoca, es rechazada de plano por ser irrealizable con el argumento de su hermano mayor para el cual nadie, ni el mismo proponente siquiera, encuentra contestación.

–Monito, por Dios, de dónde nos vamos a sacar toda esa plata.

Para darle más peso a su devastador argumento, dice Jose que no va hablar ya del alquiler del terreno y los aparatos, porque en últimas eso sería lo menos costoso. Pero sí de los multimillonarios planes de seguros que habría que tomar, pues son precisamente los eventos de este tipo los que más expuestos están a la calamidad. Y aunque hubiera fondos para cubrir todo aquello (que, como se ha visto, los puede haber) no conviene que la campaña Emilio contigo ponga todos sus huevos en la misma canasta, y menos en una que no garantiza beneficios a la hora de acudir a las urnas y, en cambio, sí ofrece toda la gama posible de riesgos. Les recuerda Jose que ellos no están en el primer mundo de Disneyworlds y Wonderlands, sino en el tercero y último, donde las medidas de seguridad brillan por su ausencia y los aparatos en uso son los desechos que llegan del primero, sea por obsoletos o porque las últimas investigaciones concluyeron que constituían una seria amenaza para su comunidad. Explica Jose que bastaría con una sola tuerca que por descuido se quedó sin apretar, un solo riel carcomido por el óxido y la falta de mantenimiento regular, para que el carrito que alegremente iba pasando a toda velocidad, se descarrile y vaya a estrellarse contra el pavimento, o el suelo de barro crudo dependiendo de las características del terreno, lo que en cualquier caso resultaría en catástrofe fatal, no sólo para los ocupantes del vehículo en cuestión y los desprevenidos asistentes que hacían cola para acceder a la atracción, sino para la campaña Emilio contigo hasta en la aventura final. Así mismo lo dice Jose Estrada, no sin sarcasmo, la adición es de su cosecha personal, campaña que aquí se pretende promover y no enterrar bajo un alud de mala publicidad y sangre de mortandad.

Ahora que Jose ha desplegado tal facilidad de palabra en la refutación de la simpática aunque, como ha quedado ampliamente ilustrado, quimérica propuesta de su hermano menor, habrá que ver si también es capaz de hacer lo mismo en la sustentación de la suya, pues el Mono no se piensa quedar con la boca cerrada dejándola pasar así no más. Esto va a ser un duelo entre hermanos y que gane el mejor. El Mono se cruza de brazos y Jose toma aire para volver a hablar.

–Lo que yo propongo –dice– es organizar un concierto de rock en español.

La sola mención de esas palabras en la misma frase, *concierto* y luego *de-rock-en-español*, sí, eso fue lo que dijo, ya bastan para emocionar positivamente a las juventudes de la campaña Emilio contigo, excepto un solo miembro apodado el Mono, a quien se le ha puesto difícil la cuestión. Nunca jamás en toda la vida, un concierto de este tipo, con un género musical de la juventud y para la juventud se ha visto en esta ciudad y las juventudes aquí reunidas no sólo se encuentran ante la posibilidad de experimentar uno en carne propia, sino de entrar en los anales de la fama como los organizadores del primero de todos.

–Estamos hablando de traer a las bandas locales obviamente –dice Luli que tampoco quiere hacerse ilusiones desaforadas para luego venir a desencantarse.

–También invitaríamos a una de esas porque hay que apoyar al talento nacional –responde Jose–. Pero estaba pensando más bien en Los Prisioneros u Hombres G. o, por qué no, en ambas a la vez.

El Mono suelta una carcajada burlona creyendo que ahora sí le llegó su turno y que los demás lo van a acompañar, pero se queda solo con su risa. Los demás están demasiado excitados produciendo sus expresiones típicas de júbilo y aprobación como, por ejemplo, "la putería", o, "qué chimba, marica", no van a empañarlas con incredulidades pesimistas. Ahora bien, el Mono tampoco quería llegar al extremo de quedar como el aguafiestas pero la situación ya ha llegado al límite. Alguien tiene que hacerles ver que si su propuesta les pareció irrealizable, esta lo será mucho más porque además de alquileres de plazas de toros, coliseos o estadios, y equipos de audio y luces, supone viáticos, alojamientos y honorarios de artistas internacionales que cobran en dólares y vienen con toda clase de exigencias. Y ese alguien, por supuesto, va a ser él.

—Josecito, por Dios —dice parodiando a su hermano—, de dónde nos vamos a sacar toda esa plata.

Por un momento la alegría se paraliza y el Mono siente una corriente de vívida satisfacción. Pero entonces la presidente de las juventudes de la campaña Emilio contigo e hija del candidato político y, por lo tanto, la voz más influyente de todas las que se encuentran aquí reunidas, toma la palabra.

—Esa plata nos la sacamos de donde sea, Mono. Cuando una idea es buena hay que llevarla a cabo y esta no es sólo buena, es más que eso, es perfecta —luego se vuelve al otro hermano—. Jose, mi mamá sí me había dicho que vos eras un tipo de lo más interesante.

En realidad la palabra que utilizó fue "muchacho" y no tipo, e "inteligente" en vez de "interesante", pero la intención es la misma: Jose sube puntos y el Mono los pierde todos. *Vida hijueputa*, ya se le malograron los planes, *Susana Domínguez era divina, juiciosa, estudiada, de buena familia, rica e iba a ser mía.* El Mono lo tenía todo milimétricamente calibrado. Una vez en el parque de diversiones, le iba a decir *Susi, vení subámonos a la montaña rusa,* y ella, *ay, no, Mono, a mí esas cosas me dan como miedo*, y él, *fresca que venís conmigo*, y ella, *siendo así, vamos pues*, y allá arriba, en el lugar más alto, bajo la luz de las estrellas y sobre las de la ciudad entera, *a las mujeres les encantan esos detalles de escenografía*, antes de que el carrito se descolgara, en ese instante de pánico previo al vértigo de la bajada, le iba a pasar el brazo por la espalda, *Susi no tengás miedo que estoy con vos,* mejor dicho, para cuando tocaran tierra de nuevo ya la iba tener comiendo de su mano. *Pero ahora qué.*

–Ahora –dice Susana– lo fundamental es conseguirnos un patrocinio para el Concierto de la Juventud, así lo vamos a llamar –y todos dicen que sí, y Susana–: estoy segura de que eso no va a ser tan difícil.

Y de hecho resulta facilísimo. Al día siguiente se presentan a la casa de los hermanos Estrada dos individuos de tan baja ralea que la Nelsi, de mejor ralea ella, no se atreve a abrirles la puerta. Pero uno de los individuos la engatusa con su voz acaramelada de locutor de la A.M.

–No me diga que usted es el de *Tardes románticas*.

–Sí le digo.

–Y si es usted, ¿cómo es que lo estoy oyendo en este momento por la radio?

–Los programas son pregrabados.

–Ah.

–¿Puedo hablar con los hermanos?

–¿Me va a firmar esta servilleta?

–Sí

–Puede, están en la piscina.

Ya en la zona de la piscina la voz acaramelada de *Tardes románticas* se presenta como el representante del

Grupo Radial Colombiano y les ofrece a los hermanos un cheque millonario para patrocinar el Concierto de la Juventud.

—¿Cómo se enteraron tan rápido de lo que necesitábamos? —pregunta Jose.

—Las buenas noticias vuelan —responde la voz.

—El dicho habla de las malas noticias.

—Pero las buenas también lo hacen, se lo digo yo que trabajo en la radio.

—¿Cómo supieron dónde vivíamos?

—Nuestras relaciones con la campaña Emilio contigo son más estrechas de lo que se imagina.

—No me estaba imaginando nada.

—Ahora ya lo sabe.

—¿Y si son tan estrechas, por qué no les llevaron el cheque directamente a ellos?

—Porque ustedes fueron los de la idea del concierto.

—En realidad fui yo, mi hermano no tuvo nada que ver con eso —Jose se pasa la mano por el pelo—. Está bien —accede finalmente—, yo hago llegar el cheque a las oficinas de la campaña.

—Eso no —dice la voz de *Tardes románticas* que aquí se han vuelto más bien autoritarias—. El cheque lo van a consignar en una de sus cuentas, luego pueden hacer la transferencia de los fondos a las cuentas de la campaña, ¿entendieron?

El otro individuo, con pura pinta de matón de pueblo y una llamativa cicatriz queloide en el pecho, permanece mudo, pero adopta una actitud que más parece de amenaza que de estamos-con-ustedes-muchachos.

–Entendimos –dicen los hermanos.

Cuando los individuos ya se han ido, al Mono le supura el resentimiento.

–Ya tenés tu concierto.

–No todavía –responde Jose mirando el cheque.

En este tampoco aparece el sello corporativo de la emisora que dice ofrecer el patrocinio, en cambio sí el de aquella empresa desconocida que aparecía en el otro cheque y, en todo caso, todo el mundo sabe quiénes son los dueños del Grupo Radial Colombiano.

–¿Quiénes? –pregunta el Mono.

–Los mismos del Club América de Cali.

–¿Y entonces por qué les recibiste el cheque?

–¿Acaso no le viste la cara al de la cicatriz?

–Se la vi, pero ahora qué vas a hacer con el cheque porque ni de riesgos el viejo nos va a dejar consignarlo.

–Voy a romperlo.

–¿Acaso no le viste la cara al de la cicatriz? ¿Querés que te maten?

–Esa gente mata porque uno se les vuela con efectivo, no porque uno les rompa cheques –Jose ya va a hacerlo pero el Mono se lo arrebata justo a tiempo.

–Entonces lo rompo yo –dice alejándose hacia la casa.

–¿Y lo rompiste? –le pregunta Aurelio, al día siguiente, en el salón de clases.

–Claro que no, güevón –dice el Mono Estrada–. Si Susana quiere su concierto yo se lo voy a dar, esa hembrita está muy buena.

–¿Qué tanto?

—Muy, ya te lo dije.

—¿Dónde lo tenés?

—¿Qué?

—Pues el cheque.

—Aquí— dice el Mono abriendo su cuaderno de trigonometría.

Aurelio lo saca de la solapa del cuaderno y lo examina. Abre los ojos.

—Esto es mucha plata.

—Mucha —confirma el Mono mientras Aurelio se va yendo con el cheque hacia la puerta del salón—. ¿A dónde vas?

—A romperlo.

—No, güevón —protesta el Mono—. ¿Acaso es tuyo?

—Tampoco es tuyo.

—Pero yo lo conseguí.

—Lo consiguió tu hermano.

—Pero ahora lo tengo yo.

—No, Mono, ahora lo tengo yo —se pone muy serio, lo mira a los ojos—. Meterte en un lío de estos por más buena que esté esa niña no te conviene.

Aurelio sale del salón de clases perdiéndose de vista y el Mono no hace ningún esfuerzo por impedírselo. *Es que ni siquiera lo seguí para ver cómo se deshacía del cheque.* En realidad esto era precisamente lo que quería, que alguien tomara en su lugar la iniciativa que a él le había faltado. Una cantidad de esas y una hembrita tan linda para complacer no se tenían todos los días entre la solapa del cuaderno de trigonometría. Por eso había buscado a Aurelio. *Nadie mejor para quitarme la tentación, romperla y botarla sabiamente a la caneca de la basura comunal del bachillerato*, si es que era eso lo que estaba haciendo Aurelio con el cheque. Cuando el Mono amanecía torcido Aurelio era quien lo enderezaba. *Él era el honesto, el tipo de hacer las cosas al derecho, esa persona en quien uno podía confiar para todo, mi amigo, mi parche, mi hermano.* Aurelio asoma la cabeza por la puerta.

–Con esto del concierto ya hasta me están dando ganas de meterme a trabajar en la campaña de tu Susana.

El Mono lo mira: *Los dieciocho le estaban dando durísimo y él trataba de corregirlo con una mascarilla de Oxy 5. Pero así sólo lo acentuaba.*

–¿Me la vas a presentar? –pregunta Aurelio.

–Claro, mijo –responde el Mono enternecido.

La puta se mete al baño y no cierra la puerta. Saca un estropajo de su cartera, lo humedece en la punta y le unta jabón concha de nácar. No hay ducha, este es un motelucho barato del centro. La puta se restriega con insistencia. Las tetas, las axilas, el cuello, el ombligo, el chocho, el culo, la cara interna de los muslos. En ese orden. Luego se humedece el pelo y se pasa el estropajo por la cabeza. El Mono está acostado en la cama y la observa. Se muere de ganas por saber por qué lo hace pero le da pereza preguntarle. Mientras se sirve un trago de Listerine en la tapa del frasco, la puta le dice que, según Freud, las mujeres se clasifican en dos tipos: la mujer-placer y la mujer-madre. Se ve que esta es una puta leída.

—Yo soy ambas —dice después de botar su escupitajo de Listerine—. Mi marido ya está por acabar su turno de celaduría en el colegio de señoritas donde trabaja y no puedo estar oliendo a sexo cuando él llegue a la casa, además todavía le estoy dando seno al niño, por eso me restriego.

Supongamos que sólo quedan dos mujeres en el mundo. Supongamos que una es una puta desaforada y la otra una virgencita preciosa que sabe preparar tortas de chocolate. Supongamos que te toca elegir una. A cuál escogerías. El Mono responde sin titubeos: *a la puta*. El mundo es un lugar chato y los horarios de oficina aburridos, ellas saben cómo estimularlo. El mundo es un gran interrogante y ellas siempre tienen la respuesta correcta ante de que uno haga la pregunta. Pero no siempre fue así. Hace diez años, antes de que la ternura se le pudriera y se le torcieran los ánimos, el Mono hubiera dicho: *me quedo con Susana*.

A veces, cuando Lucrecia de Estrada sale de un té pasa por la agencia de publicidad y le planta un beso al Mono Estrada mayor delante de los empleados, a quienes llaman colaboradores, para que no se diga que en esta oficina todavía se aplica el esquema de relación jefe-subalterno vertical. La Flaca nunca pasará por la agencia ni le plantará un beso al Mono Estrada menor delante de los empleados, colaboradores o personal, como los llaman cuando tienen ganas de denigrar. La Flaca nunca saldrá de un té con Lucrecia de Estrada, es que ni siquiera se van a conocer. Ella es una de esas mujeres que no se le presentan a la mamá: ella es una de esas mujeres que uno conoce en la calle una noche sucia de invierno, se montan al carro de uno, fuman bareta con uno, se emborrachan con uno y rematan la fiesta empelotas con uno. Ella es una de esas mujeres que a uno hasta le dan ganas de comentarlas con el papá. La Flaca es una mujer-placer y el Mono Estrada menor acaba de decidir que la va a hacer esperar.

Regla 2: Ponerlas a sufrir un mínimo indispensable.

El Mono hunde el freno y luego el embrague, mete segunda y dobla a la izquierda. Prende el equipo de sonido de la Ford Explorer rojo Marlboro. *Mi camioneta tiene un procesador de sonido Kenwood con parlantería de 150 vatios Boston Acoustic, medios y brillos separados, dos woofer 12" JL audio, empotrados en una caja isobárica, con tres plantas que mueven el sonido, todo lo cual no se hace mucho, modestia aparte, me llevó a ganar un premio en Pereira.* El Mono le sube casi medio volumen a su equipo de sonido, lo cual, no sobra decirlo, es mucho. El Mono se cree un *playboy* y como la gana ya le picó, vuelve a doblar a la izquierda otra vez.

Esta ciudad es un gran puteadero sin puertas. Al fondo se ven los primeros especímenes de lo que esta noche tiene para ofrecer *y ellos se alborotan con mi motor. O puede que sea el chispún-chispún de mi música trance.* En todo caso ellos se repasan la gomina, quiebran la mano y se aprietan el cinturón. Todos tienen cintura de avispa y la camisa recién planchada metida dentro del impecable pantalón. Esta ciudad es una *madame* vieja y podrida, lo que le pidás ella te lo consigue ya. Es un monstruo de tres cabezas y las tres piden lo mismo porque quieren lo mismo: que les des.

Esta es la calle de los hombrecitos enteros, es decir, con sus pipicitos y par de bolas bien puestas muy donde debe ser, carilavados, recién afeitados y engominados con pinta de monaguillo que quieren que les des por detrás. El Mono siente un asco visceral. *O quieren darme a mí por detrás.* Pero en realidad lo que más le indigna no son estos tibios mariconzuelos de esquina, sino los grandes y putrefactos maricas que buscan y compran a los mariconzuelos de esquina. Super machos de pelo en pecho, barbita de cuatro días, *sírvame-uno-doble*, un vozarrón de tenor y una angurria siniestra inyectada en los ojos cuando nadie los ve. Esas bestias en disfraz.

Lo que me enferma es la hipocresía, la apariencia social, la mujer en la casa, la Harley en el parqueadero, la colección de Penthouse, *la vitrina intachable de su exacerbada y por eso mismo, falsa, masculinidad. Patear en el suelo, escupir, arrastrar por el pavimento caliente hasta que se les incendien y llaguen las güevas y después enterrar en un hueco y tapar. Ese es el tratamiento que les quisiera aplicar. O castrar, eso, sólo castrar. Verlos arrodillados, moqueando y suplicando perdón. Se lo juro, patrón, no lo vuelvo a hacer. Pero aun así cortar para quedar seguros del todo, y no sólo las güevas sino el resto del aparato urogenital.*

Si estuviéramos ubicados afuera de esta cabeza oyéndole decir semejantes barbaridades pensaríamos que este hombre padece homofobia y lo rebajaríamos a la categoría de cerdo incivilizado, ultraderechista brutal. Pero el Mono sabe que el suyo es un odio de doble moral que deja mucho que desear: sólo a unas pocas cuadras de distancia está la calle de los transexuales, que son hombres también y maricas también, y si él ha tomado esa ruta no es por casualidad.

Llega. Desacelera. Le baja el volumen al chispún. Quisiera poder oír el roce de sus vestidos al caminar o por lo menos el taconeo sobre el pavimento. Pero el Mono no oye más que la carrera de su propia sangre en las venas. La suya también es una angurria instintiva. *Yo soy otra bestia en disfraz.* El Mono se queda mirando a estos hombres en piel de mujer, una por una las va repasando pero no encuentra lo que vino a buscar. *Nunca lo encuentro: Esa no está.*

El Mono Estrada menor se había imaginado la cosa completamente diferente. Un antro sórdido de ceniceros repletos y hembras con el delineador regado, la boca pintada de rojo, minifalda de cuero y medias veladas rotas. Pero esto es Jardín Secreto. *El viejo no me iba a llevar a cualquier chochal indigno del centro.* Una casa en barrio decente con interiores higiénicos y trabajados hasta cierto punto con acierto. La clientela le hace honor al posicionamiento del sitio en el mercado. Caro y aparente. Todas las hembras están buenas sin excepción y bien vestidas, como para llevarlas a una discoteca. *Aunque putas sí eran y las muy chancletudas decían cabello en vez de pelo, al menos la que a mí me tocó lo hacía. Este cabello me tiene loca. Tu cabello es tan sedoso. Me sostienes el cabello mientras me desabrocho, por fa. A una discoteca de las de por allá abajo a donde no fuera nadie conocido y aun así prohibiéndoles que abrieran, bajo cualquier circunstancia, so pena de repudio, la boca.*

El Mono Estrada mayor se toma un *whisky, el viejo siempre ha tenido una debilidad por el Chivas Regal die-ciocho años,* y el Mono Estrada menor se toma uno igual por primera vez en la vida por invitación del otro.

–¿A Jose también lo trajiste acá? –pregunta.

Maldito vicio el suyo el de compararse con el her-mano.

–No.

–¿Entonces a dónde?

–A ningún lado.

Así que Jose no había pasado por el rito de iniciación *ahora-sos-todo-un-verraquito* del Mono Estrada mayor. El Mono Estrada menor no sabe si sentir compasión porque a Jose le negaron tal atención o envidia porque no tuvo que padecerla.

–¿Y por qué a mí sí?

–Porque Jose no es como nosotros.

Para nada, Jose siempre fue un cuerpo atlético y peli-negro, una cara bonita, una estrella de cine que bien se la podía jugar toda en un partido de squash en el club o en la reunión de damas voluntarias de la vieja. Un encanta-dor de serpientes, ellos dos eran idénticos, estaba claro que Jose jamás había necesitado pagar para que una hembra le abriera las piernas.

El Mono Estrada menor maldice con ira esos veintitrés cromosomas tan dominantes con que lo dotó el Mono Estrada mayor.

–¿Cuál? –pregunta el Mono Estrada mayor.

–¿Cuál qué?

El Mono Estrada menor ha entendido perfectamente la intención de la pregunta, pero se hace el loco para dilatar lo más que puede el momento de la escogencia y consecuente demostración pública de su potencia sexual que, por supuesto, no le falta sino que le sobra. Basta con contabilizar el tiempo que se demora en la ducha o el número de humedades en sus sábanas de algodón, para darse cuenta, pero que es mucho menos angustiante ejercitarla en la sola y avezada confianza de la propia mano por más que Lucrecia de Estrada ande siempre rondando sospechosamente las proximidades: *Qué estás haciendo ahí encerrado, Mono.*

–¿Cuál te gusta? –aclara el Mono Estrada mayor.

–Ah –dice el Mono Estrada menor fingiendo que acaba de caer en cuenta.

El Chivas Regal dieciocho años le arde en la garganta y también en la cabeza, está temblando de miedo, las manos frías y resbaladizas no se están quietas, no sabe si va a ser capaz de pararse siquiera del asiento, mejor ni hablar de otras cosas que andan timidísimas ahora que tanto las necesita. Pero no lo duda ni un instante.

–Esa –dice.

Tiene cara de niña buena con ojos de acabar de tragarse la ostia en la iglesia, pecas rosadas en los cachetes, el pelo anaranjado y un cuerpecito piadoso de no matar ni una mosca.

–Esa no.

–¿Por qué no?

–Porque a Esa no le falta lo que a las demás.

–¿Cómo así? –el Mono Estrada menor no ha acabado de formular la pregunta cuando ya ha caído en cuenta, *no-puede-ser-*: ¿Esa, tan pequeñita y anaranjada, tan pecosa y tan niña con a, tiene severa verga y dos macabras pelotas colgándole entre las piernas?

–O amarradas con el esparadrapo, pero la respuesta es sí en todo caso.

Las cosas que se ven en el mundo exterior a su baño o sábanas, jamás lo hubiera adivinado, entre más la mira menos lo cree. Esas facciones angelicales y teticas-limones inofensivas engañarían a cualquiera. Esa lo pilla mirando y le sonríe y el Mono Estrada menor huye despavorido con sus ojos hacia otro punto.

–Ella entonces.

–¿Estás seguro? –pregunta el Mono Estrada mayor.

–Sí –responde el Mono Estrada menor, ya todas le dan lo mismo, ya nada importa.

El Mono Estrada mayor se va a concretar a la Señorita Cabello.

Es tarde y el Mono Estrada mayor no ha llegado a la casa. Sin embargo Lucrecia de Estrada se quita el maquillaje con calma pues sabe que su marido está en el Hotel Inter en una reunión de trabajo importantísima de la campaña Emilio contigo.

Lo extraño es que esta reunión no está teniendo lugar en uno de los salones de conferencias, sino en una de las habitaciones. Más extraño aún es que en vez de estar presente todo el equipo de creativos, ejecutivos, planeadores estratégicos y directores de medios por parte de la agencia de publicidad y subgerente, directores, subdirectores y asistentes de mercadeo por parte de la campaña Emilio contigo, como correspondería, aquí solamente están el presidente de la agencia, hombre y casado como sabemos, y la gerente de mercadeo de la campaña política que, como ya se habrá deducido por el uso del artículo femenino, es mujer y presumiblemente soltera pues no lleva argolla en el dedo anular ni, como veremos, su apellido antecedido por el de.

Pero Lucrecia de Estrada desconoce todas estas particularidades, que si quisiéramos espesar llamaríamos irregularidades, y por eso puede acostarse tranquilamente en su cama a ver televisión mientras llega el marido. En todo caso, si se mira de pasada a Teresa Gómez, así se llama la gerente de mercadeo, uno pensaría que Lucrecia de Estrada, siendo una mujer tan atractiva, aún ahora que está sin maquillaje y en pijama, no tiene nada que temer. Teresa Gómez es una mujer del montón. No es tan fea como para que a uno se le pongan los pelos de punta con tan repulsiva fealdad ni tan bonita como para sacarla del montón y adjudicarle un sitio preferencial. Ella es una de esas mujeres que nadie voltea a mirar cuando entran en una habitación. Pero cuando uno ya se pone a detallar a Teresa Gómez encuentra que ella tiene una particularidad. Teresa Gómez tiene un bigote pronunciadísimo. Ahora, con mayores razones, uno pensaría que Lucrecia de Estrada puede sentirse tan tranquila como la vemos en su cuarto viendo la televisión, pues la de Teresa Gómez es una particularidad desagradable.

Los hombres las prefieren lampiñas y por eso nosotras nos untamos cada quince días la crema depilatoria Peel, nos sacamos los pelos uno por uno con el depilador o nos ponemos emplastos de cera hirviente en la cara, dependiendo de las credibilidades en la efectividad de los diversos tratamientos y niveles de resistencia al dolor de cada cual. Todas lo hacen, incluso aquellas que apenas si tienen unos vellitos débiles y dorados que ni se notan. Pero esta que tiene un bigote tan pronunciado, tan negro y tan varonil no. *Por qué no*, nos preguntaríamos: *Acaso Teresa Gómez no tiene un espejo en la casa, una amiga bienintencionada que le diga: Teresita, mija por Dios, quitate esa asquerosidad que ya parecés el jeque del harén*. Los tiene, el espejo y la amiga, y además una conciencia clarísima de que ella tiene bigote y las demás no. Pero no se lo quita precisamente porque esa es su particularidad, lo que la hace diferente a las demás y Teresa Gómez no quiere ser una más del harén. Sin bigote ella seguiría siendo esa mujer del montón que pasa sin pena ni gloria por donde sea que va. Pero su bigote es una rareza, es la razón por la que se fijan en ella y Teresa Gómez ha descubierto que lo que para muchos es pena, para otros, es gloria.

El Mono Estrada mayor le pasa la lengua por el bigote a Teresa Gómez, se lo lame una y otra vez y entonces se mete toda el área peluda a la boca y se la chupa con vigor. Está en camisa y calzoncillos, los pantalones están tirados por ahí, la erección ya visible se le va hinchando más y más.

Mientras Lucrecia de Estrada ve la televisión y compadece a su pobre marido por lo duro que está trabajando hoy, sentiríamos lástima al ver lo engañada que está. Pero otra vez nos equivocaríamos porque aunque es cierto que el marido la engaña con otra, no es mentira que no esté trabajando.

Teresa Gómez aparta los labios, le mete la mano al Mono Estrada mayor y le agarra todo el paquete. Con ganas.

–Te traje el cheque del que te hablé –le dice–. Es de una cadena de droguerías que quiere colaborar con la campaña.

–Drogas La Rebaja –concluye el Mono Estrada mayor.

–¿Cómo sabés?

–Porque esa empresa le pertenece a los mismos dueños del Club América de Cali y del Grupo Radial Colombiano.

–¿Qué me decís, entonces?

El Mono Estrada mayor responde con un gesto que no parece de aprobación pero tampoco de reprobación, sino de sigamos-en-lo-que-estamos-que-vamos-bien, porque la va agachando por los hombros hasta que la cara de ella queda frente al tremendo paquete que tiene en la mano. Teresa Gómez que no es ni boba ni perezosa, por algo ha llegado a la gerencia donde ahora está, lo saca y empieza a lamer. Las güevas, el gran conducto hinchado y nervudo, la cicatriz de la circuncisión, pero siempre dejando la cabeza sin tocar.

–¿Al fin me vas a recibir el cheque? –pregunta después de haberlo dejado todo provocado.

El Mono Estrada mayor que ya va por los niveles más apremiantes de la desesperación no responde ni sí ni no, en cambio la levanta, él ya no está para juegos y la tumba en la cama. Ella cae bocabajo y él le saca los calzones. Ella cierra las piernas.

–¿Esto significa que sí lo vas a recibir? –le pregunta.

Por toda respuesta, él le abre las piernas y la ensarta. Ella gime. Los dos se mueven, los dos estrujan la colcha de la cama que estaba sin destender, los dos jadean y aumentan la intensidad hasta que se vienen con un grito de abandono y liberación, y entonces se quedan paralizados por un instante devorador.

Teresa Gómez es la primera en romper la quietud. Se da vuelta y le mete la mano por debajo de la camisa. Acaricia una de las prominentes tetas del Mono Estrada mayor. Con la otra mano Teresa Gómez alcanza su cartera. La abre, saca el cheque y se lo ofrece. Como era de esperarse el sello corporativo de Drogas La Rebaja no figura por ningún lado, en cambio sí el de la misma empresa desconocida de los otros dos cheques.

–Consignalo en tu cuenta y cuando haya hecho canje nos hacés llegar el valor.

El Mono Estrada mayor, empelotas y apaciguado, blando y desprotegido, abre la boca y con toda la contundencia que le permite su estado de agotamiento postorgásmico le da su respuesta final.

–No.

Teresa Gómez deja de sobarle la teta y Lucrecia de Estrada, sin darse cuenta, va cerrando los ojos y se queda dormida.

Lo que nunca acabó de entender el Mono Estrada menor es cómo el Mono Estrada mayor sabía que Esa era en realidad Ese, y con tal certeza y lujo de detalles, si tenemos en cuenta lo del esparadrapo. Lo más probable es que fuera cosa sabida entre los asiduos al establecimiento, las mismas putas se encargaban de regar la bola para advertirlos: *Ojo con Esa que lleva esparadrapo*, lo que a fin de cuentas venía siendo lo mismo que promocionarla como el verdadero Secreto de este Jardín lleno de flores, bonitas sí, pero por lo demás comunes. *A menos que el viejo hubiera, de hecho, cambio y fuera.* El Mono Estrada menor no se permite coronar este pensamiento porque es imposible. Absurdo. Herético. Infame. Una calumnia, desvarío, un despropósito. Salido de toda lógica y concordancia con el estilo puteril del Mono Estrada mayor y comportamiento siempre límpido en su carrera de mujeres y más mujeres, bigotudas, enanas, canosas, altísimas, lampiñas, menores de catorce con el agravante o, mejor dicho, estimulante de estar prohibidas por el código penal.

O no, se pregunta el Mono Estrada menor, *o precisamente esa desaforación suya sí lo hacía posible.* También se pregunta si no será esta duda maligna la que lo arrastra a los callejones oscuros donde busca a Esa que ya no trabaja en Jardín Secreto, ni en ningún otro burdel que haya tenido ocasión de visitar, la lista es larguísima. Para saber. *Sólo para preguntarle aquí entre nosotros, mientras te acaricio tus tiernos pezoncitos rosados de preadolescente y cierro mis ojos para no verte aquel esparadrapo tan varonil que tenés por allá abajo, si acaso no te acordás de un mono así como yo, pero más viejo y por eso mismo más diablo, aunque en todo lo demás idéntico, blanco, fofo y tetón,* porque a él, esto es definitivo, nunca va a preguntarle así como quien no le da importancia a la cosa: *oye, viejo, vos al fin te comiste a Esa que sí tenía lo que a nosotros tampoco nos falta.* Vade retro. El Mono Estrada menor le tiene pánico a la respuesta: a ese espejo.

Él también ha estado con tanta y tan diversa hembra en todas las posiciones posibles e imaginables, y hasta con varias a la vez, que ya no hay nada nuevo que descubrirles. Ningún punto g inédito, orgasmo dentro del orgasmo o hueco hasta entonces impenetrable. Y tal vez, de pronto, es probable, un poquito, pero sólo un poquito no más, que tenga unas ganas voraces de follarse a uno de estos cuerpos que ve desfilar por la calle mientras pasa despacito en su Ford Explorer rojo Marlboro, con la ventanilla cerrada porque quien los ve ahí tan calientitos la mayoría andan armados y completan sus honorarios deshuesando carros. Esos cuerpos feroces que también son cuerpo de mujer, pero sólo en parte y por lo tanto excepcionales, rarezas, ejemplares de lujo, tan excitantes que al Mono Estrada menor se le suben las pelotas hasta el pescuezo, apretadas como nunca en la vida, aunque no sea precisamente el cuerpo de Esa que lleva media vida buscando el que está mirando sino el de otra. El de aquella arquera de fútbol, por ejemplo, recia y cuadrada, que se exprime la teta de la que nunca saldrá leche mientras se remoja los labios con su larga lengua de culebra venenosa.

El Mono Estrada hunde el acelerador del carro. *Los culos siempre me han fascinado*, ese es su talón de Aquiles. Dobla en la próxima esquina, la calle está muerta y él se siente a salvo. Quienes lo catalogan de vil mujeriego, mantequero, putero o prospecto de marica se equivocan. *Yo soy un coleccionista de polvos raros*, dice el Mono Estrada. Aunque la calle de las putas está muy cerca no siente el menor deseo de ir a verlas. En cambio le sube otra vez el volumen a la música y mete tercera.

El Mono Estrada se despierta todos los días a las 6:45 de la mañana con la música de MTV. *Mi televisor tiene despertador automático*, y él lo programa en ese canal porque detesta los timbres de los despertadores convencionales.

El Mono entra al baño, *mi cuarto tiene baño privado con clóset*, y se mira al espejo. Si la nariz le amanece más roja de lo acostumbrado es seguro que va a empezarle una piquiña exasperante y se toma su antialérgico para contrarrestarla antes de que se le instale. El Mono es alérgico al pelo de los gatos, al pelo de los perros, al pelo de los demás animales domésticos y silvestres, *por eso siempre tuvimos boxers en nuestra casa de las afueras, ellos casi no sueltan pelo y lo tienen cortísimo*; al polen, a las picaduras de los insectos, al polvo, a la humedad, a los ambientes enrarecidos, al humo, a los cambios bruscos de temperatura y a los climas extremos, incluyendo el frío de la mañana como lo estamos aprendiendo en este momento.

Se baña con agua caliente porque la fría también le perjudica sus delicadas sensibilidades y se unta jabón anti-bacterial Protex de pies a cabeza. En ese orden y siguiendo un estricto régimen sistematizado de frotada y enjuagada, pasando dos veces por las zonas ano-genitales y axilares que es donde se incuban los malos olores, no es que él los sufra, *yo soy muy aseado*, pero hay que ser prevenido.

El Mono sale de la ducha, se envuelve en una toalla vaporosa, *la Nelsi usa suavizante Soflán para el lavado de las prendas delicadas*, y escoge lo que va a ponerse. Su clóset está organizando siguiendo un riguroso programa de tipos de vestimenta, a saber ropas de gala, ropas de oficina, ropas de rumba, ropas de calle y ropas de estar en la casa, que cuando muestran signos de uso o estrés, ya sea porque se han descolorido en un punto, alcanzan indefectiblemente el estatus de trapos de tirar al tarro de la basura, *ya verá la Nelsi si quiere rescatarlos para llevárselos el domingo al Milton Alexander o como sea que se llame su sobrino predilecto*, y también siguiendo un complicado orden de tonalidades que van del oscuro al más claro, empezando de izquierda a derecha y de arriba hacia abajo. *Si los zapatos que elijo no están recién embetunados se los llevo a la Nelsi para que rectifique en el acto la imperdonable falta cometida en sus obligaciones.*

Desayuna tostadas de pan con mantequilla, huevos revueltos, café con leche y jugo de naranja en compañía del Mono Estrada mayor, que también se presenta recién bañado, impecablemente vestido y acicalado. No se dicen ni una palabra porque el humor mañanero no da para tanto, pero tampoco es tan agreste que no les permita la cortesía de dividirse las páginas del periódico y luego intercambiarlas. *Jose no desayuna con nosotros porque hace años que Jose montó apartamento aparte*, explica el Mono. Las convenciones sociales dicen que a sus veintinueve años él también debía haberse independizado del hogar paterno, pero no consigue encontrar un solo motivo de peso que lo anime a decidirse. Su ropa siempre está limpia y planchada, los zapatos generalmente brillados, la mesa puesta y servida, la comida caliente y sus habitaciones debidamente desodorizadas con neutralizador de olores Airwick. Lo único que lo mueve a pensar es no tener un sitio propio donde dar rienda suelta a sus desenfrenos sexuales. Pero en seguida se dice que la Ford Explorer rojo Marlboro es lo suficientemente amplia, *y tiene asientos reclinables*, que hay moteles de sobra en esta ciudad, y que en cualquier caso esta es su casa y nadie lo está echando.

Lucrecia de Estrada llega envuelta en su levantadora de seda con el pelo tan organizado que no parece que acabara de levantarse y los despide con un beso en la frente a cada uno. El Mono Estrada menor se monta en su Ford Explorer rojo Marlboro y el Mono Estrada mayor en su Nissan Pathfinder azul medianoche. Cada cual tiene su propia ruta para evadir el tráfico de la mañana, que el uno se emperra en seguir solamente para demostrarle al otro que la suya es la más rápida y el otro, en la propia por el mismo motivo. Claramente vemos aquí una competencia trazada que, aunque nunca haya sido verbalizada, no deja de ser competencia. Para tranquilidad de ambos casi siempre llegan al mismo tiempo a la agencia y, si alguna vez, uno se adelanta, ahí está el día siguiente para desquitarse, caso que cuando se presenta se soluciona fácilmente con el vencido sacrificando la página de deportes del periódico.

Los dos monos saludan a la recepcionista y cruzan miradas cómplices, el humor mañanero ya se les va componiendo. *Esa hembra está buenísima pero es evangélica y tiene prohibidas las relaciones prematrimoniales*, explica el Mono Estrada menor. Los dos monos han intentado llevarla a la cama en repetidas ocasiones y recurriendo a trucos tan oportunistas como importantísimos balances en horas extraordinarias con ofrecimientos de copas de vino y cocteles de frutos marinos. Pero ella es abstemia y no siente debilidad por las comidas caras y afrodisíacas. Así que ninguno de los dos monos ha conseguido nada. Ni una sonrisita casquivana, ni un medio *tal-vez-si-te-portás-como-es-debido* dirigido a un futuro incierto. *Todavía*, dice el Mono Estrada menor que no pierde las esperanzas. Aquí tenemos otra competencia trazada del tipo padre-hijo y jefe-subalterno o bien, macho alfa-macho postulante si queremos abordar el fenómeno desde su aspecto puramente zoológico, pero esta sí ha sido puesta en evidencia por las dos partes interesadas y con reglas del juego: *gana el que corone primero y el otro, tan contento, aunque no por ello menos vencido.*

El Mono Estrada mayor se mete a su oficina privada y el Mono Estrada menor a su cubículo en el área de los ejecutivos de cuenta. Trabajan de 8:00 a 12:30, almuerzan juntos con Lucrecia de Estrada de 12:30 a 2:00 y vuelven a trabajar de 2:00 a 6:00. El Mono Estrada menor asiste a reuniones de tráfico, habla por teléfono, visita a los clientes, redacta *timetables* y órdenes de trabajo para los planeadores estratégicos, creativos y directores de medios, los acosa para que se afanen en los más apremiantes, se reúne en secreto con el Mono Estrada mayor, su único jefe, a estudiar los posibles candidatos para el próximo recorte de personal y, cuando la cosa se pone lenta, lo que últimamente ocurre con demasiada frecuencia, juega Tetris en el computador. *Mi computador también admite la versión tridimensional, y lo mandé a instalar de espaldas a la entrada para que nadie pueda ver qué es lo que se produce en mi pantalla cuando la cosa está lenta*, pero sí su cara de concentración. No va a dar él el mal ejemplo.

A veces la gana empieza a picarle al Mono desde el lunes mismo. Pero esto le parece escandalosamente pronto hasta para un tipo como él, *y me aguanto hasta el martes*. Entonces busca en la libreta donde tiene anotados los teléfonos de las que él llama *mis tinieblas*. Mayerly, Bianca, Yurani y su última adquisición, las gemelas lesbianas Pupy y Yuly, son sus preferidas del momento. O bien sale de cacería a uno de los burdeles conocidos o por conocer, de pronto tenga suerte y encuentre a Esa.

Para cuando llega el jueves, el Mono ya ha canalizado sus apetitos más sórdidos y siente deseos de fundirse entre la amalgama ligera de la norma, entre el barullo manso de lo común y corriente. Entonces llama a la Flaca para invitarla al bar. *Ella es demasiado tiniebla como para presentársela a la mamá pero no tan pérfidamente tiniebla como para no poder mostrársela a los amigos que ya están acostumbrados a mis singularidades.* Pero los jueves la Flaca nunca está y el Mono tiene que conformarse con dejarle un mensaje en el contestador automático.

Tarde o temprano ella le devuelve la llamada, *esa Flacucha no puede estarse ni un minuto sin mí, y yo me monto en mi Ford Explorer rojo Marlboro, me doy una vuelta por ciertas calles de la ciudad,* que hoy ya hemos visitado, *llego a su edificio, el portero la llama por el citófono y ella se monta a mi lado.*

—Bajale un poquito —dice la Flaca.

—¿Qué?

—QUE LE BAJÉS A LA MÚSICA.

El Mono oprime el botón correspondiente, *mi equipo de sonido tiene un control remoto adherible al timón del vehículo,* y la música queda sonando a volúmenes más sensatos.

—¿Contenta? —le pregunta.

—Contenta —dice ella.

—¿Y mi saludo?

—Hola Mono —dice la Flaca.

Él le pone el cachete y ella un beso. El Mono arranca y la mira por el rabillo del ojo. *Está buenísima.* Las tetas paradas, la boca brotada, el pelo todavía mojado. El Mono apaga el aire acondicionado y baja las ventanillas oprimiendo dos botones, *mi camioneta las tiene automáticas,* para que el viento le desordene el pelo a la Flaca.

Ahora la mira más descaradamente. El pantalón le queda apretadísimo y el triangulo aparece visible. El Mono se pregunta si tendrá el chocho recién afeitado.

—¿Eso es Pink Floyd? —pregunta ella.

—Flacucha —le dice el Mono condescendiente—. ¿Vos en qué mundo vivís? Esto es música trance, por Dios.

—¿Y no tenés algo de Pink Floyd?

—¿Qué es tu cosa con Pink Floyd?

—¿Cuál cosa?

—El domingo también me preguntaste si una canción que estaba sonando era de Pink Floyd.

—Tan observador.

—Querrás decir tan oidor.

—Así la frase pierde el sentido.

—Agudo entonces.

—Agudo sea pero no me has respondido mi pregunta.

—Vos tampoco.

—¿Tenés o no tenés algo de Pink Floyd?

—Primero respondeme vos.

—No, respondeme vos que yo pregunté primero.

—No estoy seguro, tendríamos que revisar qué CD's hay en el CD *holder*.

La Flaca se agacha y empieza a buscar el botón correspondiente pero a ella la tecnología la embiste y reduce.

—Dale Mono —ruega—. Buscalo vos.

—Te recuerdo que todavía no me has respondido la pregunta —el Mono todavía la deja sufrir porque le encanta verla desesperada.

—No tengo ninguna cosa con Pink Floyd —dice ella sometida.

–¿Entonces por qué me preguntás tanto por Pink Floyd?

–Porque que día escuché un disco de Pink Floyd que me intrigó y lo quiero volver a escuchar.

–No se dice "disco", Flaca, se dice "canción", disco es esa cosita en forma de disco, plana y redonda con un hueco en el medio, que uno introduce en el equipo de sonido y canción es lo que se oye, Flaca, es preferible utilizar este verbo en vez de "escuchar", te lo he dicho mil veces, que se oye, repito, cuando el disco, o CD, empieza a girar.

–Tan sabiondo –dice ella resentida.

–¿Cómo era?

–¿Cómo era qué?

–La canción, Flacucha, de qué otra cosa estamos hablando.

–No me acuerdo, por eso la quiero volver a *oír* –dice la Flaca y pregunta–: ¿Contento?

–Sí.

–Buscá pues si tenés un *disco* de Pink Floyd.

–No tengo.

–¿Cómo sabés si no has revisado?

–Porque esta tarde los cambié todos y no metí ninguno de Pink Floyd.

–¿Y si sabías por qué me mamaste gallo todo este tiempo?

–Porque me encanta mamarte el gallo –*así se lo digo: el-gallo.*

–Idiota –dice ella.

–¿Cómo tenés el chocho, Flacucha?

–Qué te importa.

–¿Afeitadito?

–Qué te importa.

–Hagamos una cosa: vos me decís más o menos cómo era la canción y yo te prometo que te la consigo.

–Listo, pero desde ya te advierto que ni aunque me la pongás ya mismo te voy a decir cómo lo tengo.

–Mejor, así lo compruebo por mis propios medios.

–Eso menos.

–¿Era suave o dura?

–No me acuerdo.

–Oíste una canción que te encantó…

–Intrigó –corrige ella.

–Intrigó, o lo que sea, y no te acordás si era suave o dura.

–No.

–Eso está muy raro.

–Es que me estaba quedando dormida.

–¿Qué decía?

–Eso es lo que no sé, pero era el tipo de canción que un hombre le dedica a una mujer.

–¿Alguien te la dedicó?

–No.

–¿Quién?

–Nadie, Mono, la oí por la radio y el locutor dijo que era como para dedicarla.

–Te estabas quedando dormida, tanto que no podés decir si la canción era suave o dura, pero en cambio sí sabés exactamente lo que dijo el locutor.

–Lo dijo antes de que empezara la canción y en ese momento estaba más despierta.

–Para todo tenés una respuesta y ahora, Flaca, decime por favor en qué emisora los locutores dicen cosas tan patéticas para no sintonizarla nunca.

–No me acuerdo cuál era.

–De eso tampoco te acordás.

–No, Mono, pero pensá: cuál canción de Pink Floyd le dedicarías a una mujer.

–¿A una mujer como vos?

–A una mujer con la que nunca has estado.

–Lo decís porque el que te la dedicó nunca había estado con vos.

–No, Mono, lo digo porque cuando un hombre dedica una canción lo hace precisamente para conquistar a una mujer con la que todavía no ha estado.

–Definitivamente vos sos una dura para razonar.

–Tan aguda como vos.

–¿Y el tipo te conquistó? –le pregunto–. ¿Se lo diste, Flaca?

–Dejá ya tu güevonada y decíme cuál canción.

–"The Final Cut".

–Y qué dice.

–"*And if I show you my dark side will you still hold me tonight? And if I open my heart to you and show you my weak side what would you do?*" –recita el Mono, así sin cantar porque él tiene una voz pésima, y luego le pregunta–: ¿era esa?

La Flaca no cree porque la otra le sonaba como más curvada.

–¿Curvada? –pregunta el Mono.

–Sí, curvada –responde la Flaca.

Él no comprende qué quiere decir con eso y ella se desespera porque no encuentra otra palabra.

–Curvada, Mono, curvada, como toda llena de dobleús.

Pero el Mono ya se ha desentendido, no sólo porque el asunto de la canción, en realidad, no le preocupa en lo más mínimo, sino porque acaban de llegar al bar y necesita encontrar un lugar para parquear. Lo encuentra. Parquea. Apaga el carro. Se le acerca a la Flaca. La acorrala. La reduce al rincón. Le tira su aliento en la cara.

–Mostrame el chocho –le exige.

–No –responde ella.

–Dale –le ruega.

–Ya te dije que NO.

–¿Querés bareta? –le pregunta.

El delta 9-tetrahidro-cannabinol inhalado por las vías respiratorias, de una forma que es misteriosa, llega hasta el cerebro y, más misteriosamente aún, produce un relajamiento de todo el cuerpo, incluido el cerebro mismo y, quizá, si el Mono corre con suerte, hasta de la voluntad que lo habita y que se ha puesto tan terca. *Quién entiende a las mujeres, acaso no me llamó hace un rato muriéndose por verme.*

–Eso sí te lo acepto –concede ella.

El Mono destapa el cenicero del carro y saca una colilla. Se la pone en la boca. Se toca los bolsillos pero no encuentra.

–Lo que no tengo es encendedor.

–¿Y el del carro?

–Está dañado –dice el Mono entre dientes porque si hay algo que le molesta en la vida es que un aparato de *mi propiedad esté dañado, maldita sea, tengo que hacerlo arreglar.*

La Flaca busca en su cartera y encuentra el suyo. Lo enciende. Se lo arrima a la colilla que el Mono tiene en la boca. Él aspira y ve la llama. Anaranjada y azul, los dos colores al mismo tiempo. La colilla se prende y el encendedor se apaga. El Mono ve cómo la Flaca lo va apartando lentamente. Un carro pasa y todo se ilumina. El encendedor es transparente y tiene una tijeritas rojas flotando en el gas. El Mono tose, las venas de la sien se le inflan de sangre.

En un mundo dominado por los encendedores desechables Tokay de pasta colorida, un encendedor completamente transparente que, además de esta novedad, ofrece otra aún más excitante como lo son unas tijeritas rojas flotando en el gas, tiene necesariamente que llamar la atención. Y más cuando está expuesto en la primera fila de un organizadísimo exhibidor lleno de encendedores desechables Tokay vulgares. El hombre de rojo que está pagando una botella de ron en la caja del 7 a 11 lo ve y lo coge.

–Este encendedor también –le dice al cajero y el cajero lo registra.

Una mujer que va a caballo lleva un cigarrillo sin encender en la boca. El hombre de rojo, ahora jinete, se le acerca y le presenta su encendedor recién adquirido en el 7 a 11. La mujer se llama Susana Domínguez Guerrero y es la hija del ex alcalde que hoy se encuentra bajo arresto domiciliario condenado por el delito de enriquecimiento ilícito. Pero esta es información que aquí no viene al caso y que el jinete de rojo desconoce. Él sólo ve a una mujer, muy atractiva, por cierto, que necesita que le enciendan el cigarrillo y como es obsequioso por naturaleza se ofrece a hacerlo por ella. Pero, aunque los encendedores desechables Tokay dominan el mundo, son una cosa de lo más ordinaria que siempre incumplen cuando más se los necesita. Y cuando por fin consigue encender la llama, llega la ley de Murphy en forma de corriente violenta de viento y la apaga. El jinete de rojo le entrega entonces el encendedor a la mujer esperando que ella tenga más suerte. En ese momento llega una turba de caballos y quedan separados. La mujer, que ha conseguido encender su cigarrillo, busca al jinete de rojo para devolverle lo que le pertenece. Ella no es una roba-encendedores y no quiere que nadie piense eso de ella, así se trate de un desconocido que no volverá a encontrar en toda su vida. Y ya está dicho: no lo encuentra por ninguna parte.

Luli está en el baño del Country Club de donde salió y a donde volvió la cabalgata que ya se ha terminado. Susana Domínguez Guerrero está con ella.

–¿Los viste? –le pregunta a su amiga, dando evidentes muestras de desazón.

–Sí –confirma Luli.

–No ha hecho sino coquetearle a esa manteca –dice Susana llena de resentimiento.

–Ese tipo es un hijueputa –vuelve a confirmar Luli.

Susana se pone un cigarrillo en los labios y el encendedor esta vez sí le responde en el primer intento, un verdadero milagro, sobre todo teniendo en cuenta que lo necesitaba urgentemente para atemperar sus ansiedades.

–Qué encendedor tan divino –dice Luli fijándose en él.

–Te lo regalo –dice Susana.

–Tan divina, mi Susi.

Luli lo coge y le da vuelta. Las tijeritas rojas flotan lentamente hacia abajo. Como acaba de fumarse un bareto, el asunto le parece cosa del otro mundo.

El novio de Luli espera junto al carro. Ella viene con Susana y un encendedor en la mano, pero su mirada ya está fija en otra parte: las ruedas de los carros que se van girando. A Luli la arrebata un pensamiento nuevo y esclarecido, y es que, sin lugar a dudas, la rueda es la mayor genialidad que haya podido jamás reproducir la naturaleza humana, ojo, hemos dicho, siguiendo la corriente del pensamiento de Luli, *reproducir*, no *inventar*. La luna gira en torno a la tierra, la tierra gira en torno al sol, el sol en torno al centro de la galaxia, la galaxia en torno al centro del universo, el universo estará girando por allá en torno de algo, y ahora Luli penetra por un agujero negro de su pensamiento que la lleva directamente al mundo de lo minúsculo e interno y también se da cuenta de que los electrones giran en torno al centro del átomo, mejor dicho, de que todo gira, menos este estúpido encendedor desechable que ya ha empezado a estorbarle. Si hubiera un foso lleno de cocodrilos ahí mismo lo tiraría, pero a su alrededor sólo hay verde. *Y estas porquerías deben tardar miles de años, o quizá millones en biodegradarse*, se dice Luli y luego, aterrada: *o puede que hasta miles de millones*. A Luli en la traba le da por la grandiosidad y lo cósmico. Cuando llega a donde su novio, descubre los abultados bolsillos de su *bluejean* y es ahí dentro donde termina el encendedor que lleva en la mano.

–Mi amor, ¿tú alcanzas a comprender lo que son miles de millones de años?

El Mono se termina de poner su pantaloneta y avanza por la terraza del *penthouse* de Aurelio con dirección al estudio de la música. Por el camino ve que el novio de Luli prende un cigarrillo y como su pantaloneta amarilla no tiene bolsillos deja el encendedor que ha usado en un muro. El Mono se desvía unos pasos para apropiárselo. De esto no se acuerda, pero no porque su inconsciente haya eliminado de la memoria un acto tan censurable como lo es el hurto, sino porque, como bien sabemos, a estas alturas de la noche del domingo, él ya había empezado a enlagunarse. Además, aun cuando está en su sano juicio, a él le parece que el robo de encendedores es justificable bajo el precepto: *camarón que se duerme se lo lleva la corriente*. Con mayores razones si la víctima se lo tiene merecido: *ese güevón se está comiendo a mi Luli*. El Mono oculta el fruto del delito en su pantaloneta que sí tiene bolsillos y sigue su camino hacia el estudio de la música.

Aurelio sale del baño vestido y perfumado. El Mono está acostado en la cama de este fumándose un bareto. Tiene un curiosísimo encendedor en la mano, que contempla intrigado pues no tiene claro cómo llegó a sus manos.

–Ahora sí te vas a joder –sentencia Aurelio.

–¿Por qué lo decís?

–Porque el que traba la borrachera pierde, güevón.

En ninguna parte está escrito que si uno se ha fumado un porro no pueda tomarse cien garrafas de aguardiente si eso es lo que le apetece. Allá cada cual con sus preferencias para animar la traba. Hay quienes la emborrachan, otros le meten nuestro cotizadísimo polvo de exportación por las narices y los más puristas no la animan sino que la traban. Una y otra y otra vez. Pero las leyes marihuaneriles, aunque tampoco están escritas, sí son terminantes en prohibir que un individuo en estado de embriaguez, como evidentemente se encuentra el Mono, se fume un porro porque inevitablemente se producen efectos nocivísimos para el bienestar de la traba y del organismo, que ya no llega a disfrutarla. En cambio se instalan mareos, nauseas, vómitos, enlagunamientos y hasta pérdidas de conciencia dependiendo de las cantidades ingeridas y los grados de resistencia de cada quien.

Ahora bien, el Mono entiende que las últimas palabras de Aurelio, *porque el que traba la borrachera pierde, güevón*, no constituyen un regaño algo tosco pero aún fraternal del tipo *te-cagaste-tus-tragos-tu-traba-tu-noche-si-serás-güevón* sino más bien una amenaza clara y directa, aunque torcida en sus intenciones, del tipo *le-voy-a-caer-a-tu-hembra-y-qué-podés-hacer-al-respecto-n-a-d-a-porque-vas-a-estar-podrido-de-la-maluquera-y-mientras-vos-te-atragantás-en-tu-vómito-yo-se-la-voy-a-estar-clavando-hundiendo-metiendo-y-sacando-una-y-otra-vez-y-otra-vez-y-otra-vez.*

—Pasame esas llaves —le pide Aurelio.

El Mono se levanta de la cama, apaga el bareto, deja el encendedor sobre la mesita de noche y coge las llaves.

—¿Estas llaves?

—Esas —confirma Aurelio.

El Mono se pone su *bluejean* limpio y seco, *yo había llevado una muda pues me conozco de sobra el estado lamentable en que queda la ropa después de una cabalgata,* y *me guardé Esas llaves en Mi bolsillo.*

—Estas llaves —le explica— las voy a guardar yo porque esta noche vamos a ir juntos al bar, vamos a salir juntos del bar, vamos a volver juntos del bar y vamos a dormir juntos en esta cama los dos. Vos y yo —*así mismo se lo dije redundando y repintando para que no le quedaran dudas.*

—¿Te estás volviendo marica?

El Mono podrá haber cometido una ligereza trabando la borrachera, podrá haberse cagado en todo lo mencionado y, sobre todo, podrá haber reducido considerablemente sus probabilidades de éxito en la frustración de los planes que su mejor amigo y peor enemigo le tiene preparados a cierta flaca, que ahora debe estarse arreglando para ir al bar en una de las habitaciones del primer piso. Pero todavía el porro no ha hecho estragos en su borrachera y todavía le queda suficiente presencia de ánimo para darse cuenta de que, a falta de esposas más convencionales, con Esas llaves tendrá encadenado a Aurelio a su muñeca. *No, no me estoy volviendo marica*, se dice el Mono y nosotros: o al menos no cabe deducirlo por las razones que aquí se insinúan. Si el Mono quiere dormir con Aurelio en la misma cama es simplemente para tenerlo vigilado en todo momento y proteger así lo que por derecho propio y de antigüedad le pertenece. *Al fin y al cabo yo conocí a la Flaca primero.* Aurelio se acerca a la mesita de noche. Coge el bareto, coge el encendedor y lo prueba. Enciende (pero sólo porque no iba a ser usado).

—Y esto lo voy a guardar yo —le dice al Mono mostrándole el encendedor.

De algo mío tenía que apropiarse, así es el hombre, ojo por ojo y encendedor por llaves a falta de correspondencias más puntuales. El Mono se encoge de hombros, *al fin y al cabo no tenía idea de dónde había sacado ese encendedor*, y lo ve por última vez cuando Aurelio se lo está metiendo a su bolsillo. *Era transparente y tenía unas tijeritas rojas que flotaban en el gas. De eso sí me acuerdo con toda claridad.*

Es más, curiosamente esta es de la última cosa de la que el Mono se acuerda de ese domingo.

–Flaca, decíme una cosilla, ¿de dónde sacaste ese encendedor?

El Mono se lo pregunta con toda la calma del mundo. *Lo más desprevenido yo*. Como si fuera una curiosidad espontánea la que lo motiva a averiguar por el origen de ese simpático encendedor, *es su peculiaridad lo que llama mi atención*, parece que dijera. Ella le quita el bareto de la boca y se lo pone en la suya. Aspira, bota el humo, tose y mira el encendedor.

–Este encendedor –dice guardándolo– lo saqué de mi cartera.

Como es de conocimiento general, el primer estallido de la traba se caracteriza por la aparición de una sonrisa involuntaria en la cara del fumador. Pero al Mono no le parece que este sea el caso porque el humo apenas aspirado por la Flaca no ha tenido el tiempo suficiente para convertirse en la estúpida sonrisa socarrona que ella tiene en la cara. Él está convencido de que se debe más bien a su respuesta. *Lo saqué de mi cartera*, la remeda para sus adentros, bastante despechado, pues ella sabe que él quiere que le diga quién le dio ese puto encendedor. *¡¿Fue Aurelio?!* Eso es lo que quisiera preguntarle levantando un dedo acusador. *¡¿Fue él?!* Pero el Mono sabe que ella se está haciendo la interesante, *y gusto no le voy a dar*. Así que no insiste en su pregunta, es más, hace como si todo el asunto no le importara en lo absoluto, e ignora a la

Flaca, ignora la cartera donde ha metido el encendedor, ignora el encendedor y, sobre todo, sigue ignorando cómo llegó a las manos de la Flaca.

Ella le pasa el bareto. El Mono aspira y siente cómo baja el humo, cómo se esparce por los esponjosos territorios de sus pulmones, cómo se cuela por los vasos comunicantes, la traba le ha afinado los sentidos hasta tal punto, que incluso siente cómo se van tendiendo, uno por uno, los puentes levadizos que conducen a las capas más interiores de su materia pensante. Es así como se da cuenta de que si no ha querido indagar por la procedencia del encendedor es porque prefiere no saberlo.

Desde que se convenció de que entre la Flaca y Aurelio no había pasado nada más el domingo, tras la llamada que ella le hizo esta noche a su celular, el Mono ha venido experimentando la más deliciosa holgura interna y una dulce reconciliación consigo mismo y las proporciones de sus miembros, no va a venir ahora a azararse su propio y acaramelado ambiente que tanto trabajo le costó conseguir por culpa de un insignificante encendedor desechable Tokay, que es posible que no le haya llegado por vía de Aurelio, son bien conocidos los tortuosos caminos que recorren los encendedores para hacerse a un nuevo dueño. Él se niega a volver al estadio angustioso de los padecimientos y le devuelve el bareto a la Flaca, e incluso intenta sonreírle. Pero la sonrisa no le sale (ni siquiera la involuntaria). Nada que hacer, ahora que todos los puentes levadizos se han tendido y está ante la mismísima verdad, el Mono tiene que reconocer que la inquietud ya le volvió al alma.

La Flaca aspira y apaga el bareto que ya le quemaba los dedos. El Mono la mira escrutador, pero sus ojos no le dicen nada. Entonces se pone a espantar el humo con las manos para que el olor de la marihuana no se quede concentrado en el ambiente, *mi cojinería es de cuero*. Sólo cuando se ha hecho invisible del todo sube las ventanillas, como si el hecho de no verlo significara que se ha ido, qué poco conocen los publicistas las propiedades físicas de los efluvios gaseosos. Se bajan y cierran las puertas. Se encuentran en el andén y caminan hombro a hombro pero sin tocarse. Sin mirarse. En silencio. Él lleva la angustia de que van a encontrarse con Aurelio y la irreconciliable sensación de que, además, ha dejado algo olvidado. Ella, una sonrisa involuntaria pintada en la cara.

Pueden estarle rasurando las cejas con una Minora, pintando en la cara unas líneas ceremoniales con un colorete, vaciando una jarra de agua y hielos en la cabeza, metiéndole pitillos por las narices, hay que ver los extremos a los que llega la gente desocupada para atormentarle la vida al que se emborrachó más de la cuenta, *mierda*, puede que Aurelio le esté quitando las llaves que guardaba con tanto celo. *Y yo como si nada*, dice el Mono Estrada, *un muñeco de trapo, un guiñapo de ser humano*. Bien se lo vaticinó Aurelio con sus sucias palabras: *Ahora sí te vas a joder*. Le metió tanta mierda a su cuerpo que ahora el Mono no sabe si va o viene, si está en el bar o ni siquiera fue, si vive y aún es de este mundo o se murió o apenas duerme con un sueño tan abismal y cerrado que se parece demasiado al de la muerte, pero del que va a despertarse en algún momento del lunes festivo con un dolor de cabeza *ni el hijueputa, marica, no me vuelvo a tomar un trago en la vida*, el paladar seco y la aterradora culpabilidad de haber dejado un pedazo de su vida por ahí suelto, perdido, flotando en la nada inconcebible de sus tinieblas. Pueden estarle regalando un encendedor desechable Tokay a la Flaca. Se la pueden estar convenciendo. Se la pueden estar comiendo ahora mismo y en sus propias narices. *Y yo ni idea.*

Está eso, dice el Mono Estrada. Haberse perdido un fragmento del domingo, de su vida, de sí mismo, porque de qué están hechas las personas si no es de sus recuerdos. Haberse borrado del mundo por un tiempo que no sabe si fueron segundos, *cuánto tiempo puede tomarle a alguien entregar un encendedor y al otro recibirlo*, se pregunta, *minutos u horas*. Cuántas cosas pueden pasar mientras parpadeás. Pero su intuición le dice que no es sólo eso lo que está buscando.

La sensación de haber dejado algo olvidado todavía persiste, aun cuando el bar se abre ante él como la boca devoradora de un mundo prehistórico que contiene todos los secretos. Las miradas, los gestos, los actos, las palabras. *Todo lo que pasó cuando uno estuvo tan putamente malparado en el mundo que no supo darse cuenta.* Los eslabones perdidos de esta cadena larguísima que desemboca en un presente, que seguimos y seguiremos llamando jueves por razones prácticas y poéticas, aunque es viernes pues hace rato que pasamos de la medianoche, pero que empieza más atrás del domingo, mucho más lejos, cuando todo era tan simple como mascar chicle con estilo y ser *cool* en las pistas de Hielorama.

Una cogidita de mano por acá, *no vayamos a caernos, Susi, que el hielo está resbalosísimo*, un *spinning* doble por allá, una venia pausada para divertir y entonces una pasadita de brazo, *Susi, cierto que hace un frío muy intenso en el hielo*. Montaña rusa no hubo pero no por eso se iba a quedar uno varado en la vida lamentando su perra suerte, había que desplegar los talentos y acoplarse a los nuevos vientos. Susana y Aurelio están conversando en el corredor de entrada. Detrás de ellos hay un tumulto de gente y alrededor también, aunque ya menos apretado, como un racimo de uvas que en la punta va aligerándose. Hay mucha gente conocida y otra que nunca ha visto pero el Mono sólo tiene ojos para estas dos manchas. Susana sentada en un banco y Aurelio de pie frente a ella. Susana y Aurelio. Sobre todo tiene ojos para la última. Aurelio. *Aurelio se vuelve y nuestros ojos se encuentran*. Entonces el Mono se percata de que la Flaca va a su lado y no está en Hielorama. Está en el bar, diez años más viejo y contaminado.

Entra él primero pasando flagrantemente por alto el anticuado pero aún obligante estatuto caballeresco que reza: *Primero las damas*, y la dama queda relegada al segundo puesto. El Mono se planta delante de Aurelio como diciendo *aquí-estoy-yo*, no digamos que en una actitud abiertamente amenazante pero sí perentoria, masculina, antagónica, *aquí estoy yo, mijo*, otra vez le viene ese tonito despectivo de superioridad llamándolo *mijo* aunque esta vez es sólo en la mente, todavía no ha abierto la boca, *y mirá a quién me traje*, también eso parece que agregara con la sola sobradez de su presencia y mirada contra mirada.

—¿Bien? —pregunta el Mono.

—Bien —contesta Aurelio.

Y ya estuvo. Ni siquiera hay apretones de mano, no hay necesidad, eso ya lo hicieron cuando se encontraron afuera del bar, esta vez apenas bastó con un levantarse mutuamente la cejas. Ahora el Mono se acerca a Susana. La saluda con un beso en la mejilla. Así, como de pasada, para ahorrarse inútiles *holas* y *cómo has estados*, *bienes* y *voses* y más *bienes gracias*, que francamente nadie nunca oye ni responde sopesando sus palabras, y no perderse ni un milímetro de esa flaca que mira a Aurelio y de ese Aurelio que mira a la Flaca. Ellos también se dan un beso de compromiso, que no plantea mayores interrogantes. Pero de todos modos, el Mono observa. Y escucha.

—Hola —empieza ella.

—¿Cómo has estado? —sigue él.

—¿Bien y vos? —retoma ella.

—Bien, gracias —termina él.

Qué pudo sacar en concreto el Mono de todo eso que tanto se esforzó por no perderse. Aparte de que estos dos también van por el mundo como el loro mojado repitiendo parlamentos, el Mono Estrada no pudo sacar nada. Y es que acaso esperaba que la Flaca le dijera a Aurelio, *oye, gracias por el polvo del domingo, estuvo delicioso*, y él, *no fue nada, aquí seguimos a la orden para cuando se vuelvan a ofrecer nuestros servicios*, y ella, *gracias pero eso no va a ser necesario porque yo tengo a mi Mono*, y él, *que cumple sus servicios muy caballerosamente*, y ella, *no es por demeritar lo presente pero eso es cierto, aunque a veces se olvide de dejarme pasar primero por las puertas*, y él, mal disimulando el orgullo herido, *estamos entre gente madura, Flaca, yo entiendo*, y ella, *me alivia saberlo y ahora una última cosa, gracias por el encendedor que encontré en mi almohada*, y él, *a falta de rosas no sabía que otra cosa dejarte*.

Claro que no esperaba algo así, dice el Mono Estrada. La gente no usa las palabras para mostrarse, la gente usa las palabras para esconderse. Pero las miradas y los gestos traicionan y por eso sí esperaba, por lo menos, una picada de ojo, un rictus involuntario, un dejo de algo tan contundente y luminario que el Mono concluyera terminante, *se comieron*, pero que a la vez ofreciera la tranquilizadora crudeza de un lo-que-pasó-pasó-y-si-te-vi-no-me-acuerdo, preferiblemente salido del cuerpo de ella, que luego vendría a posarse a su lado, *fiel y entregada mi Flacucha*, para que la humillación última y definitiva le correspondiera a Aurelio, *y así la mía quedara anulada*. Cómo se hubiera reído.

El Mono se sienta en un banco. Aurelio coge su cerveza de la mesa. La Flaca y Susana se encuentran. Un beso entre ellas y otra vez ese mismo juego de palabras muertas. *¿No estará esa ausencia de gestos y miradas significativas diciendo algo?*, se pregunta el Mono. *Qué, por ejemplo*, lo reta el otro Mono. *Lo obvio*, explica el primero, *que Aurelio y la Flaca no se comieron, que él nunca sacó las llaves de mi bolsillo ni se escapó con ella, que mi precaución* *dio resultado. Y el encendedor que tiene la Flaca acaso no significa que sí pasaron cosas entre ellos de las que no te diste cuenta,* lo ataca el segundo, *no estarás más bien queriendo claudicar antes de haber corrido el velo porque es mucho más confortable fingir que todo está perfectamente.* El Mono no responde nada. *Como hizo Lucrecia de Estrada,* lo pica todavía el otro.

La Flaca sigue con Susana, gastando su saliva en más de esas palabras huecas.

—¿Qué te hiciste en el pelo que lo tenés divino?

—Me lo alisé.

—Yo también.

—¿Cuándo?

—Hoy.

—Yo también.

—Qué casualidad, marica.

Aurelio pone su cerveza sobre la mesa. Y el Mono, aquí en su banco, viendo que el arte del investigador es más complejo de lo que pensaba y preguntándose si no podría simplificarlo acudiendo directamente a la fuente con la pregunta franca: *oye, Flaca, ¿vos te comiste a Aurelio? No, Mono, no sólo no lo simplificarías sino que lo mandarías todo al traste. ¿Por qué?,* pregunta el Mono y ahí mismo cae en cuenta: *ya sé, no me lo digás, porque no habría nada confiable en su respuesta, las palabras nunca dicen la verdad. Eso por un lado. Y por el otro. Y por el otro cuando la dicen creemos que están mintiendo. Sería delicioso poderles creer,* dice el Mono que inmediatamente se corrige: *no, sería delicioso no tener que usarlas, que prescindiéramos de las palabras, que los mensajes se transmitieran sin tener que formularlos, de pensamiento a pensamiento, sería delicioso tener una certeza, una,* dice el Mono, *una sola. Sería, Mono, sería delicioso que no estuviéramos encascarados. Pero lo estamos.*

Y el arte del investigador no consiste en quedarse sentado en un banco entregado a divagaciones especulativas. Él es hombre de acción y no puede esperar que el objeto de su investigación se le aparezca espontáneamente ante sus ojos por el solo hecho de querer encontrarlo, y menos cuando el objeto se haya físicamente imposibilitado, por estar sepultado bajo el alud de sedimentos que depositó el tiempo. Es él quien tiene que aproximarse al objeto, trabajo por cierto penoso si se tiene en cuenta que las evidencias no suelen escoger lugares amables para enterrarse, sino que prefieren, vaya uno saber por qué, los más recónditos y difíciles. Pero al investigador nada de esto le hace mella, él es un ser obcecado por naturaleza y siente el llamado de ir a buscarlos.

Cueste lo que cueste, el Mono lo tiene decidido, él va a llegar hasta el final en la reconstrucción de los hechos del domingo que se le borraron, por motivos que conocemos de sobra y sin atenerse a las consecuencias. Si le preguntáramos cuándo tomó la decisión, lo más probable es que dijera que nunca la tomó, que las cosas se fueron dando ellas solas, que todo partió de una duda, *se comió Aurelio a la Flaca*, que por un momento creyó haberla resuelto de modo favorable a sus intereses, *no se la comió: ella me llamó a mí*, que luego ese encendedor reapareció ante sus ojos y con él la duda, que la duda no lo deja tranquilo, que la grieta se resquebraja con cada minuto que pasa, que la pregunta que le plantea se ha vuelto inaplazable, que él no quiere parecerse a Lucrecia de Estrada, que por eso va a armar este rompecabezas esculcando hasta encontrar cada pieza dispersa. Y si lo dejáramos desahogarse es probable que también llegaría a confesar que la duda real no es la que mencionó antes sino esta otra, *me quiere la Flaca o quiere a Aurelio*, y luego, como para restarle importancia a lo que dijo, para que lo olvidemos, rápidamente pasaría a decirnos que está cansado de tener que llevar consigo a todas partes la angustia de su incertidumbre, este agujero negro que se lo está devorando, y que esta noche cuando todo haya terminado va a poder dormir sin ella, con el orgullo henchido o el alma destrozada, eso ya no depende de él sino del resultado de la investigación.

La Flaca se pone a saludar a todo el mundo de gente conocida que hay en los alrededores, *ya está visto que está decidida a seguir ignorándome*. Susana acepta el trago de cerveza que le ofrece Aurelio. El Mono se levanta de su banco. Ahora el investigador tendrá que encaminarse hacia el yacimiento, localizar el sitio, excavar, acariciar el tesoro de sus trasnochos y traerlo a la luz del mundo. El Mono se acerca a Aurelio, se fija en el bolsillo de su camisa, mete la mano, encuentra a tientas lo que ella le dice que es un encendedor y lo saca. El Mono todavía no ha visto qué tipo de encendedor es y Aurelio no entiende lo que ha pasado.

–¿Qué te pasa, güevón? –le pregunta.

Si este encendedor que tengo en la mano es el mismo del domingo, el que hoy le vi a la Flaca es otro, por lo tanto vos no se lo diste y lo más probable es que no pasaran cosas entre ustedes sin que yo me diera cuenta. Si, en cambio, este encendedor es otro, el que hoy le vi a la Flaca es el mismo del domingo, lo más probable es que vos se lo hayás dado y por lo tanto sí pasaron cosas entre ustedes sin que yo me diera cuenta.

Pero el Mono no recita este revoltijo ininteligible, trabalenguas demencial, en voz alta ni dice ninguna otra cosa. Simplemente saca un cigarrillo de la cajetilla de Marlboro que hay encima de la mesa y se lo pone en la boca. Para Aurelio el asunto queda aclarado y se vuelve a seguir hablando con Susana, con quien hoy anda acarame-ladísimo, el Mono no puede dejar de notarlo, no hay que ser una lumbrera para darse cuenta, están siendo dema-siado obvios. Pero aquí no va a especular porque todavía no comprende a ciencia cierta qué implicaciones tenga este nuevo hilo en la trama que se tejió el domingo y que él va destejiendo en este jueves. Pero sí que sabe las que tiene el encendedor que está encerrado en su mano.

El Mono abre la mano. El Mono ve el encendedor. La Flaca llega y se sienta en el banco que él dejó vacío. El Mono ve a la Flaca. El pantalón le queda apretadísimo, el triangulito se le brota. *El chocho*, dice el Mono cayendo en cuenta, *pues claro*. Después de que la marihuana que le ofreció en el carro ablandara la voluntad de la Flaca, él iba a exigirle que le dejara ver el chocho para confirmar que lo tenía recién afeitado. Pero entonces apareció ese encendedor Tokay tan distintivo ante sus ojos y el asunto quedó en nada. *Eso era lo que se me había olvidado.* El Mono enciende el cigarrillo. El encendedor es un vulgar Tokay anaranjado.

Las fotos son explícitas. La gerente de mercadeo de la campaña Emilio contigo acariciándole una teta al presidente de la agencia de publicidad. El presidente de la agencia de publicidad cabalgando a la gerente de mercadeo de la campaña Emilio contigo. La gerente de mercadeo de la campaña Emilio contigo arrodillada chupándosela al presidente de la agencia de publicidad. Y esta última joyita: el presidente de la agencia de publicidad sorbiéndole el peludo y masculinísimo bozo a la gerente de mercadeo de la campaña Emilio contigo.

El Mono Estrada mayor no tiene salida posible. Lucrecia de Estrada tiene los ojos hinchados de tanto llorar. Jose, llenos de odio. *Y yo me preguntaba qué le había visto el viejo a esa señora tan bigotuda. Entonces pensé en Jardín Secreto, en Esa y su esparadrapo, hice el cómputo: a-mi-padre-le-gustan-las-bigotudas-Dios-mío-será-que-también-le-gustan-las-que-llevan-esparadrapo, y ya nunca me pude sacar a Esa de la cabeza.*

En aquella época todavía vivíamos en la casa de las afueras. Eran cuatro perros bóxer. Tres machos y una hembra. Ella era la que más me gustaba. Se llamaba Ántrax. Tenía las orejas caídas y los ojos vivos, pero cada vez que uno le daba la espalda se escapaba a la casa del vecino. Abría unos huecos enormes en el césped y destrozaba las heliconias. A Ántrax le daba lo mismo que aquellas flores fueran exóticas y el césped importado. Todo carísimo. El vecino se quejó y la vieja anunció:

—Vamos a salir de Ántrax.

El vecino era el presidente de la junta directiva del Club Colombiano, por lo tanto había que mantenerlo de nuestro

lado. Yo pataleé, lloré y supliqué para que le diéramos una
última oportunidad. El viejo intercedió.

–Pero si se escapa una sola vez más… –*accedió ella*–
oíme bien lo que te estoy diciendo, Mono, una sola vez
más y la perra se va.

El viejo me puso la mano en el hombro.

–Vas a tener que amarrarla, hijo.

Me dediqué por completo a Ántrax. Apenas le veía la
gana de irse la amarraba. Ántrax luchaba y ladraba deses-
perada. Cuando la vieja venía a quejarse por el escándalo,
la soltaba y cuando Ántrax se arrimaba al cerco, la volvía
a amarrar. Así se me iba todo el día y todas las noches la
dejaba amarrada. Con bozal para que nadie encontrara
un nuevo motivo para quejarse. Ese bimestre perdí cálculo
y filosofía pero Ántrax no volvió a escaparse. Eso sí, los ojos
se le apagaron, ahora le hacían juego con las orejas.

Regla 3: Quebrarles la voluntad.

–¿Cómo dormiste, cielo? –le pregunta el Mono Estrada mayor a su esposa.

Lucrecia de Estrada se encoge de hombros.

–Amor, el desayuno está riquísimo.

Lucrecia de Estrada emite un seco ajá.

–Pasame la mermelada, linda.

Lucrecia de Estrada le da un leve e indiferente empujoncito al frasco de mermelada. Entonces el Mono Estrada
mayor se levanta pegándole dos manotazos a la mesa. Los
tarros tiemblan, el café se rebosa y él se aleja gritando.

–ME JARTÉ DE ESTA MIERDA, ME VOY DE ESTA CASA.

El Mono Estrada mayor se pierde de vista y enseguida
se oye un azotón de puerta, que estremece toda la casa.

Lucrecia de Estrada se pone lívida, a duras penas si le pasa la galleta integral de soda que estaba masticando y sale detrás de él.

El Mono Estrada mayor no sólo no se va de la casa, sino que desde ese día Lucrecia de Estrada se ve lo más de cariñosa y condescendiente. Es más, es ella misma la que escoge los dos libros de superación personal que el presidente de la agencia de publicidad le manda a la gerente de mercadeo de la campaña Emilio contigo. *Nunca se supo si habían sido los narcos los que nos enviaron las fotos ofendidos por la negativa de recibirles los cheques, o si fue la gerente de mercadeo de la campaña ardida con el hombre que no le volvió a dar ni la hora, pero en cualquier caso no estaba de más apaciguarla.* Las palabras no son del Mono, son de Lucrecia de Estrada, que así mismo lo dijo: *a-pa-ci-guar-la.*

Cuando la Fiscalía empieza a investigar a toda la gente respetable y decente que recibió plata de los narcos, incluido nuestro conocidísimo político de la campaña Emilio contigo y ex alcalde de la ciudad, el Mono Estrada mayor se llena la boca delante de todo el que quiera oírlo.

—A mí que me esculquen, yo nunca recibí ni un solo céntimo de esa plata sucia.

Cada vez que lo dice Lucrecia de Estrada le coge la mano y le da un besito. El vecino de la junta directiva del Club Colombiano felicita a la familia en pleno. No sólo Ántrax no le volvió a hacer daños sino que la Fiscalía no les encontró méritos para investigarlos. Y a él que también lo esculquen, *todo el mundo en la ciudad andaba paranoico*, explica el Mono Estrada menor, lo único que van a encontrar es su firma en la carta que le rechazó la entrada al club a uno de esos mafiosos llenos de plata sucia.

Incluso después de que perdimos las acciones del Club Colombiano, la casa y a Ántrax, los viejos seguían haciendo la misma pantomima.

—Ni-un-solo-peso —*decía él y ella le cogía la mano y le daba su besito.*

—Bueno, por lo menos la dignidad no la perdimos —*los apoyaba Jose.*

A mí todo aquello me enfermaba.

Para quebrarle la voluntad a la Flaca el Mono le habla, por ejemplo, de unas tetas ninfómanas.

—Y así de grandes, Flacucha, no exagero, que tuve hace un par de horas entre estas dos manos que te estoy mostrando, y eran naturales —esto lo enfatiza el Mono que la mira fijamente, tratando de percibir los primeros síntomas de su amansamiento—. Ce-ro-si-li-co-na, ¿me estás oyendo?

Pero la Flaca o no lo está oyendo o finge que no lo está oyendo porque se caga de risa justo cuando debería dolerse, tan dichosa y campante, como si la indirecta no fuera dirigida en contra de ella, que tiene las tetas plásticas y, por lo tanto, debía llenarse de envidia y morirse de celos. *Pero ella me lo celebra dándoselas de muy fresca y desentendida, de muy amor-libre-años-setenta,* cuando él sabe perfectamente que lo que quisiera *es armarme un escándalo y vaciarme su trago en la cara por haberle tocado las tetas a otra, definitivamente la Flaca es una perra muy terca.*

O bien, el Mono le lanza escupitajos feroces desde el asiento de atrás unas veces y otras desde el contiguo, *todo depende de cómo y dónde estemos sentados.*

—SEMEJANTE MÚSICA PARA MANTECOS —*le grité por ejemplo el domingo y después agregué*—: ADEMÁS NO SE DICE DISCO SINO CANCIÓN —*para hacerla sentir bien manteca y patirrajada, bien humilde y agradecida de que un tipo de mi categoría se haya rebajado a posar sus ojos en tan poca y paria cosa.*

Para quebrarle la voluntad a la Flaca, esta noche de jueves, el Mono ha decidido servirse en simultánea de sus dos técnicas, la que provoca celos y la que pordebajea, porque además tiene el segundo propósito de inflingirle el castigo que se merece por tener en su haber aquel nefasto encendedor transparente con unas tijeritas rojas que flotan en el gas que, aunque no demuestra que se acostó con Aurelio, sí, por lo menos, como ha quedado redondamente explicado, *que se amangualó con él para recibírselo a mis espaldas*, lo que puede constituir o bien la causa, o bien la consecuencia de lo primero. O bien una desafortunada y pueril coincidencia que nada tuvo que ver con nada. Pero eso todavía está por verse.

El Mono le escupe el humo de su cigarrillo maleducadamente en la cara y ella manotea para espantarlo.

—Te miro y me acuerdo de alguien —le dice el Mono—. De quién, de quién —se pregunta y enseguida hace como si recién cayera en cuenta—: no, mejor no te digo.

Ahora la Flaca tendría que sentirse toda picada por la intriga. *A quién me parezco, Mono, decímelo*. Él por su parte se haría todavía un poco más el difícil, ella le rogaría y entonces él soltaría su despropósito con todo el sadismo que su mente pérfida contiene, pero eso sí, dejando constancia de que fue ella quien insistió en oírlo para quedar libre de responsabilidades. Pero, en cambio, el Mono no puede dejar de tener la impresión de que a ella hoy el asunto le resbala auténticamente porque no sólo no le pregunta nada, sino que además su mirada no está con él. Su mirada está cada vez más lejos y como tirando hacia el fondo del bar. El Mono investiga entonces qué es esa cosa tan importante que le roba el protagonismo y se da cuenta que hacia allá va caminando justamente Aurelio. *Aurelio. Aurelio siempre metido debajo de todas mis faldas.*

—Ya vengo —dice la Flaca que se levanta del banco.

—¿No te interesa saber a quién me recordás? —la pica el Mono para retenerla.

—Cuando vuelva me lo decís.

Pero él se lo dice de todos modos.

—A una puta de un burdel barato del centro al que fui el otro día.

El Mono seguiría diciendo lo que tenía planeado, que la pobre, así, *la pobre tenía un pantalón negro igualitico al tuyo, Flaca, todo apretado, que le hacía brotar el chocho así como se te brota el tuyo*, seguiría diciendo todo esto, decíamos, si no fuera porque su sentido del ridículo va en aumento, si no fuera por la conciencia cada vez más patente de que sus palabras torvas son cuerpo muerto. La Flaca no sólo no ha preguntado, ni querido saber, no sólo no se ha ofendido y llenado de celos, *sino que tampoco se queda conmigo*. La Flaca se va yendo y el Mono, desesperado, la coge por la muñeca.

–¿A dónde vas?

Ella se suelta.

–Al baño –le dice y sigue su camino.

–Flacucha, esperá –dice todavía el Mono como mendigando–. Me acordé de otra canción de Pink Floyd –dice como creyendo que con esto va poder recuperar su atención–. Y es curvadísima –y luego, casi cantando, con esa voz suya tan mala–: "*Oh! How I wish you were here*", más dobleús no le vas a encontrar a ninguna canción de Pink Floyd– dice casi gritando, porque la Flaca ya se ha adentrado su buen trecho en el bar–. Y es como para dedicársela a una mujer, es más, Flacucha, TE LA DEDICO, "*CAN YOU TELL A GREEN FIELD FROM A COLD STEEL RAIL, A SMILE FROM A VEIL? DO YOU THINK YOU CAN TELL?*" –dice ahora sí decididamente gritando porque ella está lejos, entre el montón de gente y la otra música de fondo.

Pero ella no vuelve.

La boletería se agotó. La plaza de toros se llenó. Las bandas anunciadas acudieron. La histeria colectiva se desató. Las masas juveniles y aun las que ya no eran tan juveniles, ya fuera por contagio, solidaridad deferente o por concienzudo y democrático convencimiento, se movilizaron a las urnas de votación y en una muestra pública de gratitud sin precedentes en la historia electoral de esta ciudad se eligió al candidato de la campaña Emilio contigo que todo lo hizo posible. Para resumir, el primer Concierto de la Juventud fue un éxito.

Perra vida la mía, dice el Mono Estrada. Aquí es necesario aclarar que esta frase no quiere decir que él no haya disfrutado del jolgorio generalizado. Se le vio, cómo no, participando en la producción colectiva de más de una ola; entonando al unísono las letras de un "Devuélveme a mi chica", sobre todo en la parte que dice "sufre mamón", como anticipándose a lo que va a ocurrirle en un futuro cada vez más cercano; y ofreciéndose de buena gana, aunque con segundas intenciones, a darle respiración boca a boca a Luli que perdió el conocimiento durante unos minutos, no se sabe si por los excesos de la dieta baja en carbohidratos, proteínas y lípidos que venía siguiendo de manera estricta, o por la emoción de contemplar en escena a un *flaco, ojeroso, cansado y sin ilusiones* David Summers, ofrecimiento que el Mono no tardó en retirar al ver la desaprobación en la cara de la hija del alcalde, en ese entonces apenas postulante. Pero sí quiere decir, volviendo al tema el-Mono-llama-perra-a-su-vida-con-ocasión-del-concierto, que ve difícil la desbancada de su hermano Jose, ideólogo del concierto-que-fue-un-éxito, de su posicionamiento como tipo interesante, o muchacho inteligente, si vamos a ceñirnos a la primera fuente que lo dijo, en el *top of mind* de la hija del alcalde ahora electo y objeto de sus intereses.

Lo ve difícil pero no lo ve imposible. Si así fuera el Mono ya se hubiera dejado de tanto manejar a Jose por acá, para evitar que se produjera un encuentro con Susana por allá. Cuando empujando a su hermano Jose hacia fuera, cuando jalándolo hacia dentro, cuando reteniéndolo en una posición estratégica por la que no soñará ni pasar Susana, el baño de los hombres, por ejemplo, cuando devolviéndolo hacia atrás, pero siempre manteniéndolo a la distancia prudencial. Solo o con la ayuda de Aurelio, que entendiendo tácitamente las exigencias que la conquista de Susana le plantea a su amigo se ha mantenido siempre pendiente del otro frente. Cuando cediéndole la delantera, cuando atrayéndola hacia sí, cuando invitándola a quedarse junto a él, cuando rezagándose él con ella, *con tal dedicación y entrega a mi causa*, que es mucho ya lo que el Mono tiene para agradecerle.

Hielorama.

El alcalde recién electo, que nunca olvida a la gente que le ha servido, decide regalarle una noche de patinaje y esparcimiento a estas juventudes tan esforzadas y clarividentes, que tanto voto le atrajeron, con motivo de la clausura oficial de las actividades de la campaña Emilio contigo.

–Todo Hielorama para ustedes muchachos y muchachas –les dice este hombre que todavía no se posesiona y ya utiliza un lenguaje políticamente correcto.

Era mi última oportunidad para ganarme a Susana, explica el Mono Estrada. Pero antes de entregarse a las labores propiamente dichas del encantamiento con una demostración de patinaje artístico sin igual, tendrá que ejecutar un plan de acción que borre a su hermano Jose de la gélida, pero prometedora, faz de Hielorama y lo arroje por siempre jamás a los abismos infernales del exterior.

Es así como ahora podemos ver al Mono, no muy claramente por la penumbra que lo rodea, condición indispensable para el éxito de su plan, avanzando con su caminadito alevoso y pucho en la boca, por entre los carros parqueados en el sórdido callejón de Hielorama. El Mono llega hasta cierto carro, la oscuridad no nos permite su descripción, lo que en todo caso no aportaría nada, aquí lo único que hay que saber es que el carro pertenece a su hermano Jose, y ya está dicho. El Mono mira hacia delante, hacia atrás, hacia un lado, hacia el otro. Nadie hay. El Mono se agacha junto a la llanta delantera izquierda. El Mono saca una navaja del bolsillo de su *bluejean* Pepe Frosted bota tubo remangado más arriba del tobillo, *eso era lo que se usaba entonces*, explica avergonzado. El Mono abre la navaja y la entierra en la llanta sin ningún tipo de miramiento, pudor ni continencia de su bruta y salvaje fuerza, y así, acuclillado como está, se arrastra hacia la llanta trasera izquierda repitiendo la operación. El Mono se levanta. El Mono cierra y guarda su navaja cómplice del delito. El Mono, con un toque rápido pero certero y contundente al vidrio de la ventanilla, activa la alarma del carro que se pone a zumbar. Ahora camina en dirección opuesta a la que lo trajo hasta acá, con paso lento y cadencioso, *porque cuando uno acaba de cometer una felonía lo último que hay que parecer es un felón*. El Mono todavía le da una, dos, tres, cuatro chupadas al cigarrillo antes de arrojarlo. Entonces abre las pesadas puertas de frigorífico industrial y penetra en Hielorama.

Jose está amarrándose el cordón del primer patín. El Mono se le acerca y así como quien rinde un informe del estado del tiempo, con una abulia y un desinterés prosaico, habla.

–Me pareció oír la alarma de un carro.

–¿La del mío? –pregunta Jose.

El Mono se encoge de hombros. Jose se quita el patín y sale lo más rápido que puede. Ahora sí, la noche es suya. Con la seguridad que le ha dado la ejecución de su plan infalible, el Mono se acerca al ventanal de vidrio que separa la pista de patinaje. Ahí está Susana. Lindísima, poderosa dentro de sus patines blancos. *Y mía dentro de unos pocos minutos, una hora como máximo le calculaba yo, si es que la cosa quería fluir lenta, a veces el amor se toma su tiempo en manifestarse.* Lo único que castiga el esplendor de esa imagen es Aurelio, que tiene que valerse de ella para mantenerse en pie. *Patético.* Él no tiene conocimientos, ni siquiera incipientes, en las artes del patinaje sobre el hielo. El Mono lo mira con indulgencia. *Artes que yo sí manejaba como los dioses nórdicos mandan, gracias a mi visita a los grandes lagos en las vacaciones de diciembre. Aurelio, en cambio, ni a la laguna de la Cocha, que ni siquiera se congela, había llegado.* Luli llega en ese momento y se pone justo al lado del Mono.

–Se ven divinos, ¿cierto?

–¿Quiénes? –pregunta el Mono.

–Pues Aure y Susi.

–¿Cómo así Aure y Susi?

–¿Todavía no sabés?

–Saber qué.

–Que se cuadraron –dice Luli sirviéndose del argot de su tiempo y espacio geográfico para significar lo que

salta a la vista pero que el Mono no ha querido ver: que
Aurelio y Susana dejaron de ser simplemente compañeros
de campaña política para pasar a llamarse novios, argot
que, por supuesto, el Mono domina y comprende.

Luli mira al Mono y le sonríe. El Mono mira a Luli
y siente ganas de meterle un puño.

A veces, cuando el Mono ve a Aurelio, aún después de
que han pasado diez años, siente deseos de concretar aquel
puño que nunca pegó. Por supuesto, Luli ya ha salido
de la ecuación, ella simplemente fue el primer saco de
papas en quien quiso volcar su ira. Es al propio Aurelio,
al verdadero y único causante de todo el dolor, a quien
el Mono se imagina poniéndole el puño.

En un principio, cuando la herida era todavía muy
nueva, veía un golpe bajo. *Porque fue un golpe bajo lo que
ese malparido me dio,* dice el Mono, *él sabía lo que a mí
me gustaba Susana, él lo sabía,* insiste. Luego empezó a
fantasear con golpes más sangrientos y permanentemente
dañosos. Procedía el Mono a tumbarle los dientes, partirle
la nariz, dejársela toda aplastada y babosa por siempre
jamás, una nariz de bagre, *un muñón inservible en todo
el centro de su cara bonita para que nunca olvidara, lo que
se hace se paga, güevón.* Después, toda aquella vulgaridad
violenta le empezó a parecer de pura película clase B y le
resultaba más elegante visualizarse pegándole, por ejemplo, en el estómago con la caballerosidad y el donaire de
un Remington Steele, eso sí sacándole el aire y dejándolo
seco durante unos pocos minutos, pocos, pero no por ello

menos alegres y reconfortantes. Con el tiempo, los impulsos pugilísticos se le fueron enfriando hasta tal punto que fabricaba empujones simples aunque desequilibrantes. Pero desde que la Flaca apareció en su vida, la llama se le volvió a avivar, en este jueves el Mono empieza a entender por qué, y ahora su mente ha optado definitivamente por un golpe seco en todo el centro del pecho. *Porque ahí fue donde a mí me dolió.* Y le sigue doliendo. *Susana ya no, hace rato que esa hembra dejó de dolerme* y, en cualquier caso, hoy en día le resulta demasiado estilizada y bien, *sí, bien,* para sus groseros gustos. Lo que en realidad le duele al Mono y siempre le ha dolido es su mejor amigo, Aurelio, su peor enemigo, incrustado como una astilla en el dedo que se le encarnó.

Todo esto es lo que pasa cuando lo ve. Cuando no, se pone mucho peor. León sin hembra. Lobo con hambre. Toro que desarrolla el sentido por ambos pitones. Buscando. Buscando. Buscando. El Mono recorre el bar que está lleno de gente y la gente le dificulta el trámite, así que el Mono la atropella al pasar. Pisa, empuja y no pide permiso sino que lo exige.

−PERMISO −grita y se lo toma aun cuando no se lo dan.

La gente lo mira mal. Pero al Mono no le importa, nada le importa, lo único que le importa es Aurelio y Aurelio no está. En el baño de los hombres ya revisó. *Y ahí ese hijo de la gran puta tampoco está.* En ningún otro rincón del bar está.

−¿Dónde está? −le pregunta a Luli cuando se tropieza con ella.

–¿Quién?

–Aurelio, decíme dónde está.

–No sé, Mono, hace rato que no lo veo, pero calmate –entonces pregunta–: ¿pasó algo?

El Mono ni se molesta en contestar. Él sigue deambulando por los pasillos del bar con su ritmo monstruoso, con sus ojos de fiera, con sus pasos de estampida que anticipan calamidades de marca mayor, pero sí, Luli, algo pasó: a la Flaca tampoco la ve. Y lo que sus ojos le están pintado, allá detrás de las concavidades tenebrosas donde se incuba el mal pensar, es a esos dos amándose en algún lugar de este bar.

Aurelio y la Flaca como hace diez años Aurelio y Susana.

Sólo pueden estar en el único lugar en el que todavía no buscó y en el que ella le dijo que iba a estar. *Se encontraron en el fondo del bar y luego el celo los arrastró hacia el baño de las mujeres,* dice el Mono que no sabe si lo que lo va arrastrando también a él hacia allá es la terquedad de querer comprobar lo que ya sabe para poderse dar contra las paredes diciendo *yo sabía, esa hembra es una perra y ese hijueputa más traidor que Judas.* O si es su propia culpa, esa cosita tan vieja, tan vaga y tan sádica que ansía verse esta noche por fin castigada, por fin liberada para no seguirse sintiendo él mismo un Judas de la misma calaña. O aún más baja. *Porque si hace diez años empezó un Aurelio y Susana lleno de arco iris y pajaritos cantores, también hubo un fugaz pero, de todas maneras, definitivo y oscuro Susana y yo, que acabó salpicando de mierda todo.*

Lo juro, dice el Mono Estrada, *no fue por venganza.* Ya habían pasado ocho meses, él había aceptado la situación. Aurelio y Susana eran novios y se querían. *Ahora ya ni siquiera me imaginaba dándole el puño, apenas el empujón y eso sólo en momentos de extrema tensión.* Por ejemplo, cuando se veía a sí mismo con Luli, la fea, la regordeta, la llena de granos y amargada que apenas si quiso bailar en su fiesta de graduación, mientras que Aurelio estaba feliz con Susana que sabía preparar tortas de chocolate y cada semana le regalaba una. *O como cuando me daba cuenta, porque era obvio, de que ella se lo quería dar y que iba a ser con él, y no conmigo, con quien iba a perder la virginidad.*

Susana está sentada en el regazo de Aurelio, de frente, besándolo. Es muy tarde y todos están tomados. La fiesta de graduación, que tuvo lugar en uno de los salones del Country Club, ya se acabó y todos vinieron a la casa del Mono en las afueras a rematar. El Mono Estrada mayor se ha llevado a Lucrecia de Estrada de fin de semana, *y me había picado el ojo.*

–Que tu mamá encuentre la casa como la dejó –*me había dicho aquí entre nos.*

Susana tiene a Aurelio indecentemente abrazado con sus piernas y brazos y con su lengua también. Están en el área de la piscina tumbados sobre los asoleadores de madera impermeabilizada. El Mono se fuma un cigarrillo con algo de celos, *esto no lo voy a ocultar, sí, celos, eso sentía,* mientras bota el humo de su cigarrillo.

–Dejá de tirarme el humo en la cara, güevón –le dice Luli con la misma amargura de toda la noche.

Mirando ahora las cosas con la perspectiva que sólo el tiempo puede dar, el Mono no puede negar que obviamente tuvo que haber algo del elemento venganza, *sufre mamón, devuélveme a mi chica, o te retorcerás entre polvos pica-pica*, en lo que pasó. *Pero no en mi parte consciente y deliberada, lo juro*, insiste el Mono Estrada seguramente porque hay alguien a quien necesita convencer y ese alguien no es sino él. *Yo*. No va a venir a dárselas ahora de muy angelito diciendo que no lo disfrutó. *Claro que lo disfruté*. Pero él no buscó que las cosas pasaran, no hizo planes ni puso trampas, es que ni siquiera las provocó. *Las cosas se fueron dando ellas solas y cuando tuve la oportunidad enfrente de mis narices simplemente la tomé*. El Mono tampoco es güevón.

Regla 4: Si te lo dan, tomalo.

Uno de los asistentes a la fiesta, *un tipo que no conocíamos ni habíamos invitado,* se acerca con un bareto encendido. Se los ofrece. El Mono lo recibe y fuma. Fuma Luli. Fuma Aurelio. Fuma Susana. Es la primera vez que fuman marihuana en sus vidas.

–Esa mierda no me hizo nada –dice Luli, amargada hasta el último minuto.

El Mono se ríe, Aurelio se ríe, Susana se ríe y entonces Luli se empieza a reír. Por fin. En cierto momento, que el Mono ahora no puede precisar con claridad, todo se volvió lento y espeso y ya no se rieron más. Luli tiene el cuerpo incrustado en el asoleador y la mirada fija en el cielo. Sólo se mueve su lengua, pesada y tortuosa, como si tuviera un terrible defecto de dicción.

–Las estrellas están muy lejos –dice Luli–. Muy lejos –repite estirando ese muy hacia el infinito de las estrellas–. A millones de años luz –explica–. A miles de millones de años luz, una distancia que nuestra mente no es capaz de concebir, miles de millones, Mono, ¿vos podés comprender eso? –pregunta sobrecogida.

El Mono lo único que siente es sed. Susana está absorta en la contemplación del brazo de Aurelio que ella misma levanta sólo para dejar caer. *Aurelio era un muñeco de trapo, un guiñapo de ser humano.* El Mono siente su propia lengua apelmazada, se levanta del asoleador haciendo un esfuerzo sobrehumano y se dirige a la casa.

Fue cuando volvía con la jarra llena de hielos y agua que la vi. Susana vomitando sobre el jardín de los helechos gigantes. *Abono para las matas, pensé yo, pero la vieja no lo iba a ver así.* El Mono oye la voz de papá por allá detrás y con reverberación como en una mala película. *Que tu mamá encuentre la casa como la dejó.* Algo tiene que hacer. El Mono deja la jarra en el piso y se le acerca.

–No, Susi, aquí no.

Pero Susana no puede evitar seguir vomitando y vomita más y empieza a llorar.

–Mentiras, Susi –le dice–. Tranquila, vomitá –y le pone la mano en la espalda–.

Susana termina de vomitar y sigue llorando. El Mono se siente mal. *Pobre Susana, no dejarla vomitar en paz.* El jardinero ya le ayudará a limpiar y el Mono se la va llevando hacia el interior de la casa, a su cuarto, a su cama y la ayuda a acostar.

–¿Susi, necesitás algo? ¿Qué querés? ¿Agua, hielos, un Alka-Seltzer? ¿Otro bareto? Mentiras, Susi, es por joder.

–¿Dónde está Aurelio? –pregunta ella.

–Afuera, ya te lo traigo.

–No te vayás, Mono, estoy maluca, todo me da vueltas.

Susana llora y el Mono le agarra la mano.

–Agarrate, Susi, anclá.

El Mono le soba la cabecita a la pobre Susana con el maquillaje todo corrido. Le soba la cabecita y ella cierra los ojos. Le soba el cuellito, el hombrito, el bracito y luego el costado.

–¿Dónde está Aurelio? –pregunta Susana con los ojos cerrados volviendo a llorar.

El Mono se detiene de golpe como diciéndose *mierda-qué-estoy-haciendo-yo-aquí*.

–Ya vengo, Susi –le dice con la intención de traer a Aurelio para que lo salve de esta, como siempre lo salva de todo lo demás.

O, por lo menos, para ir a echarse agua en la cara y que se le enfríe esta fiebre, si es que aquel no está en condiciones de ayudar. *Que conste para mi buen nombre que yo traté de escabullírmele no una sino dos veces*, dice el Mono Estrada. Pero Susana se agarra más fuerte a su mano.

–No te vayás –dice llorando–. No me dejés, no me dejés.

El Mono la vuelve a acariciar. La cabecita para que se tranquilice, el cuellito, el hombrito, el bracito y luego el costado. Esta vez Susana ya no lo detiene, Susana está muy callada y el Mono ya va por la pierna, ya empieza a levantarle el vestido, ahora el que se necesita tranquilizar es él. Pero no puede. Esta es su virgencita, *mi Susi*, dice el Mono y le baja el calzoncito color azul cielo, que hace juego con el vestido, que tiene una perlita en el centro, que hace juego con las perlas de sus orejitas. El Mono se monta encima, así como quien no se da cuenta, y se va sacando su cosa así como quien tampoco se da cuenta. El Mono tantea en la oscuridad y encuentra. El Mono empuja con suavidad y se topa con una resistencia, dura pero mojada y muy tibia, *muy hermosa era esa resistencia*, y Susana ya no llora, ya no protesta, ya no pregunta por ningún Aurelio, Susana está tranquila con sus ojitos cerrados y su honda respiración, *porque yo estaba con ella*, dice el Mono, *ella me rogó que no me fuera, dos veces*, dice el Mono, y el Mono vence esa resistencia y el Mono penetra y rompe y cierra sus ojos y se entrega a esa estrechez tan pura y tan suya, *tan mía, tan mía, sólo mía*, dice el Mono y se mueve despacio y se deja llevar y ya no piensa más.

Al Mono no lo excitan las vírgenes. *A mí que me las entreguen ya debidamente entrenadas para poderlas maniobrar sin tanto perendengue, ay que si será, ay que si no me iré a arrepentir, ay que por ahí no, ay que más despacio por favor, ay que esto duele hijueputa. Hijueputa serás vos*, dice el Mono Estrada, *sin tanto recelo, recato, pudor, ternurita, dolor, sin tanta obstrucción.* Al Mono le gustan los hímenes pero ya desgarrados y harto flexibles. *A mí me gusta ir a lo que voy, mija, aquí se vino a fornicar.* Pero todo coleccionista de polvos raros que se respete debe tener, por obligación, cuando menos una virgen en su haber. *Yo tengo dos.* La primera es Susana, polvo que, aun descontando el asunto virginidad, merece capítulo aparte en la colección si nos fijamos en las circunstancias gravosas que lo antecedieron, rodearon y sucedieron. La segunda, la Flaca. *A esa hembra nunca le habían metido nada por ese parado culito que tiene. Fue este calvo y ostentoso cabezón el que descubrió, abrió, tomó bajo control y Mono-polizó aquella ruta difícil y temeraria hacia el nuevo mundo*, que hoy el Mono se ve en la penosa necesidad de defender de ataques piratas.

El Mono abre estrepitosamente la puerta del baño de las mujeres con cara de así-los-quería-encontrar. La Flaca, que estaba retocándose el alisado frente al gigantesco espejo que hay sobre el lavamanos, se vuelve 180 grados. El Mono suaviza su expresión. Con una sola mirada rápida, pero tan concienzuda que barre hasta lo que hay detrás de las puertas de vaivén de los cubículos de los inodoros: sólo trozos arrugados de papel higiénico, le basta para darse cuenta de que aquí no hay nadie más. Ningún Aurelio con la cremallera abajo, el pelo revolcado y la verga enhiesta.

–Estás muy linda, Flacucha, ya no te me arreglés más que no hay necesidad.

–¿Y ahora qué te picó? ¿No que parecía una puta barata de no sé qué burdel?

–Quién te dijo eso –le dice el Mono–. Decíme quién para irle a pegar.

Y mientras desarrolla su cara más conmovedora de yonofuí, se fija en el sofá que se ve reflejado en el espejo. Porque aquí hay un sofá, se nota que este es un baño bien pensado para atender las necesidades fundamentales de la mujer. Todo en blanco y negro, las paredes blancas, el mobiliario negro, el piso un tablero de ajedrez y, recostado contra la pared, el sofá donde podrá ella confortarse de las desesperaciones que le suscite su estadía en el bar. Por supuesto, tampoco faltará uno que otro hombre que aproveche los efectos paliativos del sofá, encontrándose en tan lamentable estado que ya no le importe que este sea un salón concebido y diseñado expresamente para la mujer, y el sofá, rosado en su color.

Este mundo es una gran bola que gira y todo lo que existe en el mundo gira con él. Gira este cuarto. Giran las puertas de vaivén. Gira el lavamanos. Gira el enorme espejo sobre el lavamanos y si uno se vuelve para no tener que mirar se da cuenta de que el techo también gira con él. El Mono se ve hundido en un sofá rosado y, de pronto, ya no se ve más porque cierra los ojos, enfermo de tanto ver girar. El Mono siente que el mundo sigue girando a su alrededor pero percibe la confortante quietud del sofá, que es lo único que no gira en el mundo y que es por tanto el centro rosado del mundo, teoría que podría verificar y pasar a demostrar si todo girara más lento y no se sintiera tan mal.

El Mono se ve entre los pechos tibios de una mujer y se ve tomando la leche tibia de mamá, que curiosamente tiene un efecto salado y cosquilleante en el paladar. Esta mujer no es mamá. *Era mi Flacucha*, dice el Mono Estrada, y tampoco le ofrece su tierna leche maternal sino un vaso de vidrio con el Alka-Seltzer restaurador, que en este caso, sin querer manchar la reputación de una marca construida con tantos empeños y costos publicitarios, a lo largo de años y años, en la mente del consumidor, sino ateniéndonos a la verdad, nada consigue restaurar.

El Mono se oye gimiendo en el sofá.

–¿Dónde están las llaves? –se oye preguntando.

El Mono percibe las caricias tranquilizadoras de la mujer que no es mamá y que tal vez tampoco sean caricias, esto más bien se siente como un registro policial.

–Aquí están, Mono.

–¿Dónde?

–En tu bolsillo.

–No dejés que Aurelio me las venga a quitar.

El Mono se oye lloriqueando.

–¿Y por qué te las va a querer quitar?

–Porque son de la casa de él.

–¿Estas son las llaves de Aurelio? –pegunta la mujer.

–Sí –se oye el Mono diciendo.

Y, otra vez, percibe a la mujer acariciándole sus redondeces, mejor dicho, registrando al modo policial, agarrando las llaves, *desposeyéndome de mi única seguridad*. El Mono se oye llorando de verdad, el espectáculo es abrumador, suplicando e implorando.

–No me las quités, no me las quités.

–Ya Mono –dice la mujer severa–. Dejá tu maricada que las voy a guardar yo, y a mí nadie me las va a quitar.

Esta mujer no puede ser su Flacucha. *Ella no me iba a hablar así.* Esta mujer es Susana y Susana ya se va. El Mono se ve atrapándola por la muñeca, berreando, el espectáculo ya no es abrumador, sorbiéndose los mocos, llenándose de baba en un marica y rosado sofá, el espectáculo es digno de lástima, deplorable, *no vuelvo a beber.*

—No te vayás, Susi, no me dejés —se oye él repitiendo las mismas palabras que le dijeron alguna vez y produciendo otras nuevas y suyas—: yo ya no tengo casa con piscina.

El Mono siente a Susana sobándole la cabecita. *Susana no se fue, dice el Mono, ella se quedó.*

—Tranquilo, Mono, ya no llorés —le dice sobándole la cabecita.

Eso y nada más.

—¿Vamos? —pregunta el Mono.

—Andá vos —dice la Flaca coqueteándole al sofá.

Antes de cerrar la puerta, el comprensivo Mono le sopla un beso. Aunque ella, que ya está sentándose en el sofá, no hace el menor intento por atraparlo, a él le parece que, de todos modos, se posa en sus labios provocándole una electricidad que la estremece entera. Pero de esto último no puede dar fe ciega el Mono, *y lo que se dice meter mis manos en el fuego,* porque la puerta ya se ha cerrado.

El panorama que se le ofrece al Mono es otro. Ya no ve obstáculos en su camino, lo que ahora ve son unos jóvenes lo más inofensivos, del sexo masculino unos y del femenino otros, que han venido a envenenarse con tragos y con cigarrillos para escapar de la rutina de sus lastimeras vidas de oficina, con máscaras y poses, y ganas crecientes de follar, una rebeldía vana porque mañana de todas formas tendrán que madrugar, y fútil porque esta es otra de sus obligaciones cotidianas, está establecido que después del jueves hay que venir al bar. La mirada del Mono se llena de indulgencia y comprensión. *Yo soy ellos y ellos son yo.*

A medida que se abre paso, el Mono se da cuenta de que todas las piezas perdidas han aparecido. Susana sigue en el corredor de entrada. Luli ha llegado a acompañarla, ella no podía faltar, siempre ha sido la testigo clave. La Flaca está en el baño, sola, *seguramente acariciando la rosada tersura de nuestro sofá.* Hasta Aurelio está en la escena, *quién sabe dónde andaba,* se pregunta el Mono, pero lo importante es que ahora puede verlo en la barra pidiendo alguna cosa, una botella de tequila sin ninguna duda. *Y yo mismo aquí voy.* En la más saludable de las tranquilidades *cool,* el Mono va avanzando por el corredor, mientras se pregunta gravemente: *tomar o no tomar.* Teniendo en cuenta las vicisitudes que le generó su último desliz, esa es la cuestión, y el Mono se responde, muy seguro de sí mismo: *no voy a tomar,* a sabiendas de que lo va a hacer.

Ahora todas las piezas sueltas del pasado se le van juntando y empiezan a encajar, para darle forma al todo rotundo y consistente del presente. *Esta no es la noche en que Aurelio va a vengarse en mi Flacucha de lo que yo le hice a su Susana.* Tampoco lo fue la del domingo. Con las llaves de Aurelio en su bolsillo, verificadas y custodiadas, no por su mano que, como es bien sabido, no podía ni siquiera verificarse ni custodiarse a sí misma, sino por la mano de Susana, que aunque parece de porcelana es de puro e inoxidable acero, no pudo serlo. Aurelio no se escapó con la Flaca, por más encendedor Tokay que le haya regalado, *si es que sí le dio el encendedor*, se atreve a aventurar el Mono, *porque bien pudo haberlo tomado ella solita sin que nadie se lo diera, apoyándose en el sabio estatuto que reza: si te dan papaya tomala.* No va a saberlo él que conoce todas las mañas del oficio.

Pero retomemos el hilo de la trama que ya se le va entretejiendo al Mono: si esta no es la noche de la revancha, ni lo fue la del domingo, sí son las noches de las redenciones. Ahora el Mono puede ver el rompecabezas armado en su cabeza, sin vacíos ni lagunas y con las grietas que todavía se perciben entre pieza y pieza, resanándose. Había que revivir aquella noche de la graduación de hace diez años. La noche terrible en que las inocencias se ensuciaron y los destinos se rompieron. *Susana y yo en el borde del abismo, Aurelio ausente y perdido.* Había que asomarse y otra vez sentir el mismo vértigo, pero con los papeles trastocados. *La Flaca y Aurelio al borde del abismo, yo ausente y perdido.* Había que estar a punto de llevar a cabo la venganza, pero en el momento justo tenía que llegar Susana a impedirles dar el salto, *como antes no supo llegar Aurelio a impedírnoslo a nosotros. Sólo ella podía redimirnos, ella por quien nos habíamos perdido.* Sólo ella podía limpiar la suciedad antes de que llegara a producirse para que todos pudieran retomar sus destinos donde los dejaron truncos.

Ahora el Mono entiende exactamente cómo es que Susana y Aurelio están juntos otra vez. Todo ese domingo tenía que pasar para que en este jueves ellos pudieran reunirse y él mismo quedar tranquilo con su Flaca. *Sin miedos. Sin inseguridades. Sin estarme cuidando la espalda a cada paso.* Sin esa incertidumbre que lo tuvo al borde de un colapso. Ahora el Mono ve con absoluta claridad cómo Susana lo ha sanado todo. El domingo ella le cuidó su mala trabachera en el sofá rosado, *como yo se la cuidé a ella hace diez años.* Pero sin aprovecharse y sin hacerle daño. *Y me acarició la cabecita, eso y nada más, y así yo también puedo perdonarla a ella. Por haberse ido con Aurelio, y hasta por haberme dejado sin mi casa en las afueras, sin clientes en la agencia, a punto de la quiebra, con el viejo triste y derrotado.* El Mono, que llega al corredor de entrada sintiéndose ligero a pesar de las anchuras de su cuerpo, se acerca a Susana. Le sonríe. Le pone un beso en la frente, tierno y fraternal, con el que espera sellar su parte en el pacto de las reconciliaciones de esta noche.

–Gracias por cuidarme en el sofá.

Lo dice con la certeza de que no harán falta más palabras para que ella comprenda todo el cúmulo de gratitudes tácitas que encierran. Pero tal vez sí hagan falta porque Susana se apresura a completarlas.

–Y por cuidarte también a la salida del bar, y en el carro, y en el ascensor del edificio de Aurelio, y en la puerta del *penthouse*, Mono, qué lora la que diste, y no se te olvide tampoco en la cama de Aurelio, casi no te pudimos acostar.

–Aurelio y vos –dice el Mono.

–Luli y yo –aclara Susana.

Y Luli, testigo clave y además participante, corrobora pellizcándole los gordos.

–Mono, estos gordos tuyos sí pesan.

El novio de Luli se ríe.

–¿Ustedes me llevaron al apartamento de Aurelio? –pregunta el Mono rechazando violentamente a Luli.

Este hombre no está para chistes, este hombre ha decidido que es momento para volver a desesperarse.

–Nosotras –confirma Luli– y mi novio aunque tú no subiste, ¿cierto mi amor?

–Cierto.

–¿Y Aurelio dónde estaba? –pregunta el Mono.

Luli se encoge de hombros.

–¿Y Aurelio dónde estaba? –vuelve a preguntar.

El novio de Luli se encoge de hombros.

–¿Y Aurelio dónde estaba? –dice mirando ahora a Susana con la desesperación ya dueña de él.

Esto no le puede estar pasando, *justo cuando ya me había serenado*, justo ahora que lo había resuelto todo.

–Yo no sé –contesta Susana–, cuando salí del baño él ya no estaba en el bar.

–Ah, ¿no? –pregunta el Mono.

–No –dice Susana.

–No –dice Luli.

Las dos al mismo tiempo pero cada una por su cuenta.

—No —dice el novio de Luli.

Tiene que ser cierto pero el Mono se resiste a creerlo. *Y ENTONCES CÓMO ENTRÓ A SU APARTAMENTO, A VER, CÓMO ENTRÓ ESE PERRO SI NO TENÍA LLAVES.*

Una cosa chillona alcanza su oreja, le taladra el oído, le perfora el cerebro y se le quema el sueño de caricias rosadas y puñetazos de supermanes, ulcerándose como una película virgen expuesta al sol. El Mono abre el ojo y se ve reflejado en la pantalla plana del televisor. Las cejas intactas, ninguna marca de colorete en los pómulos, si le vertieron la jarra de agua y hielos en la cabeza y le metieron pitillos por las narices son cosas que se resigna a ignorar. Lo importante es que las llaves del apartamento de Aurelio están a su lado. Aunque extrañamente Aurelio no. Y otra vez esa cosa toda chillona alcanza su oreja, el oído, el cerebro. Es el timbre de la puerta. El Mono se incorpora. El mundo a su alrededor vuelve a girar, pero de todas maneras él se termina de levantar. Se lleva las manos a la cabeza, le pesa.

Sale del cuarto de Aurelio a la terraza de la piscina y vista magnífica a los cerros del Cristo Rey. La luz le hiere los ojos. Avanza con pasos torpes por los baldosines de piedra. Cuando alcanza el estudio de música, el dolor de cabeza se ha puesto agudo y punzante como una broca en espiral. Encuentra las escaleras por las que baja, teniéndose de las paredes.

Desde las promociones que le hizo la agencia de la familia del Mono al negocito de telas de la de Aurelio, en la época de la campaña política, él, Aurelio se empezó a llenar. *Y nosotros a vaciar*, dice el Mono resentido porque es muy duro que la vida sea así de irónica. *Caen los narcos y con ellos los políticos, incluido nuestro cliente estrella de la campaña Emilio contigo. Durante el proceso el viejo se hincha diciendo que él-no-recibió-ni-un-centavo-de-esa-plata-sucia. Y cuando es de verdad que ya no se ve ni-un-centavo-de-esa-plata-sucia-que-él-no-recibió en toda la ciudad, porque los narcos (que eran los que la tenían) y los políticos (que eran los que la movían) están todos presos, entonces empieza la penitencia del viejo porque ya no hay quien pueda pagarse publicidad en esta ciudad. Es que no había ni para pagar los lujos más esenciales, las necesidades más anodinas*, dice el Mono Estrada, *las calles se llenan de huecos y la ciudad de desempleados, el río se desborda, a nosotros nos toca vender la casa de las afueras con afanes para pagar deudas y Aurelio se compra este lujosísimo apartamento en el corazón del oeste de la ciudad. De contado y con todo el tiempo del mundo para que el decorador de interiores le diseñara los espacios con su inconfundible sello vanguardista, texturas crudas y superficies pulidas, objetos de arte de oriente y occidente, figuras decorativas clásicas y piezas postmodernas, mobiliario sencillo con uno que otro detalle barroco, todo sobre tonos neutros, componiendo un estilo que el mariquísima decorador, vestido todo de negro y con zapatos rojos, llamaba Euro, y que dizque estaba lo más de* in. *No hay derecho. Y uno sin un peso ni siquiera para mandar a arreglar algo tan básico como el encendedor de cigarrillos de la camioneta.*

El Mono llega al primer piso. Se encuentra con el corredor de los cuartos de huéspedes. Avanza sobre el larguísimo tapete persa, los motivos geométricos parecen moverse y fundirse unos en otros. El Mono siente que está punto de caerse. Pero, por fin, alcanza el espacioso salón de enormes ventanales que dan a la otra terraza y la decoración minimalista le produce alivio. No tiene que pasar por el comedor ni mucho menos por la cocina de muebles versátiles, el patio de ropas o los cuartos de la servidumbre, vacíos por ser lunes festivo, para llegar a la puerta de roble sólido con descansillo.

El timbre vuelve a sonar y a cavarle dolorosamente el cerebro. El Mono abre y se encuentra, frente a frente, con Aurelio. Tiene un pan francés en la mano y la misma ropa de la noche anterior. Esto último no lo nota el Mono. O puede que sí lo haga, pero prefiere decirse que el hombre durmió a su lado, se levantó con hambre, se puso lo primero que vio y salió sin llaves a la panadería del italiano que encontró cerrada por ser lunes festivo, teniéndose que conformar con el producto menos deseable de cualquier panadería de supermercado, para volver inmediatamente a timbrarle a la puerta. Si no fuera así, al Mono no le quedaría más remedio que aceptar que Aurelio se le escapó sin llaves, *y pasó la noche con mi Flaca, entendiendo aquí las más horribles connotaciones que pueda tener la expresión pasar la noche con alguien.*

Y qué iba a hacer yo, se pregunta el Mono, *qué: devolverle el puño que alguna vez él me dio y decirle malparido hijueputa, hasta aquí llegamos vos y yo.* Claro que no. Eso no puede permitírselo porque Aurelio, con su emporio de telas consolidado, es el único cliente que prácticamente le queda a la agencia y sin el material p.o.p., avisos de prensa, cuñas de radio y hasta un comercial en televisión en horario triple A, *qué haríamos nosotros para seguir sosteniendo la agencia, coqueteándole a la difícil recepcionista de sólidas creencias evangélicas y pagando el arriendo de nuestro nuevo y humilde apartamento.* En cambio, el Mono deja salir la primera voz de la mañana que, por lo tanto, le sale un tanto ronca y harto hedionda para preguntar:

–¿Fuiste a comprar el desayuno?

–Sí –responde Aurelio.

Yo le abrí la puerta, mucho idiota, yo se la abrí, dice el Mono Estrada y como para que esta otra pregunta no se quede sin respuesta la suelta en voz alta:

–¿Y a la Flaca también la llevaron ustedes a la casa? –aunque sabe que lo que este par de engendros pútridos van a decirle es no y mil veces no.

–No –dicen las arpías con sus graznidos deleznables y tufos sulfúricos, y para hacerlo sufrir doblemente lo reiteran con la cabeza.

Una y otra vez niegan con esos nidos de cucarachas que tienen en la cabeza y la favorita de satanás, Susana alma de bestia, se atreve a afectar indiferencia la muy pérfida, a fingir inocencia.

–Ella tampoco estaba en el bar cuando salí del baño –dice como si se tratara de un mero accidente, una casualidad de la que acaba de caer en cuenta, como si no supiera perfectamente con quién y a hacer qué se fue esa muerta de hambre, que quién sabe si ya salió del baño o sigue pasándole sus puercas suciedades al sofá rosado.

Pero quien sí llega, para acabar de cocinar la ira que ya se le revienta cual forúnculo en cada poro al Mono, es el mismo satanás en persona, Judas, el peor enemigo del hombre y del Mono: Aurelio.

–Miralo, Mono –le dice Luli y, ante el gesto despectivo de este, pregunta–: ¿no lo andabas buscando?

–Ya no –aclara, y más ira le da cuando cree advertir una risita ahogada de satisfacción en la cara de la concubina del diablo, Susana, alma de piedra.

Aurelio trae una botella de tequila en la mano. *Es con ella que el hijueputa piensa cebar a su malograda concubina, para que esta noche le abra por primera vez sus mancilladas patas de gallina clueca; cebarse a sí mismo, y que se le ponga bien tiesa y parezca grande esa cosita misérrima y risible que tiene entre las piernas; y cebarme a mí,* dice el Mono Estrada: *claro que voy a tomar, y por la canal, es lo mínimo con lo que este perro me puede compensar.* El Mono le arrebata la botella antes de que consiga ponerla en la mesa. Le quita la tapa. Se mete un trago largo y virulento. Gluglutea y cuando se siente satisfecho y todo le arde por dentro se limpia la boca con violencia.

Aquí debería romper la botella contra la primera cabeza que se me atraviese por el frente. La de Luli, por supuesto, para que se le quite el vicio de andar siempre metida en lo que no le importa. Luego tendría que arrimarle el cuello de vidrio roto de la botella al cuello indemne, aunque no por mucho tiempo, de carne de Aurelio y empujar un tanto y otro

*tanto y ver la sangre y reírme en la cara lívida de pánico de
la meretriz del diablo, Susana ángel renegado.*

En vez de esto, el Mono deja la botella intacta sobre la
mesa, porque Aurelio tiene un emporio de telas, *y yo una
agencia con ese último cliente.* Aurelio coge su botella con
rabia y se la ofrece a su demonio de sangre fría y muerta,
mirándome a mí.

—Con mucho gusto, Mono *—me dice sarcástico el muy
crecido, el muy cretino, qué ganas de pegarle tengo.*

Me lo puso en toda la cara, dice el Mono Estrada. *Cuatro
milímetros debajo del ojo izquierdo y rozando apenas, con
el primer nudillo, la protuberancia ósea de mi nariz.*

El Mono duerme en su cuarto. Una fuerza demasiado
voluntaria y terrena, como para provenir de algún sueño
lo levanta asido por la camisa. Lo deja sentado en la cama.
Es ahí cuando lo ve venir. En esos escasos nanosegundos,
aun cuando el impulso voraz de ese brazo ya no tenía
reversa, se tiene tiempo para pensar. *¿Me agacho o volteo
la cara? ¿Me cubro con el antebrazo o saco el puño?* Pero el
Mono no hace nada. *Me quedé quieto y quieto lo aguanté
porque ese puño que Aurelio me estaba dando era como si
yo se lo estuviera dando a él.* Por fin. *Había una mancha
de sangre en mi sábana de algodón blanco, que no era mía
porque yo no sangraba.* Así que el Mono se deja hacer. Le
pega al Mono. Le pega a las puertas del clóset. Le pega a
las paredes. Se revienta cada nudillo. Sigue con los pies.
Patea la cama. Patea la mesita de noche. Patea el mueble

del televisor. *Ni siquiera me quejé cuando este se cayó y rompió. Había una mancha de sangre en mi sábana de algodón blanco, que no era de Aurelio porque estaba ahí antes de que a él le empezaran a sangrar los nudillos.* Susana ya no está, Aurelio y el Mono están solos en el cuarto. *Después supe por Luli que Susana le había dicho que yo la había violado.*

—¿Violado? —pregunta el Mono incrédulo, alarmado.

—Mono —dice Luli, la jueza—, ella estaba borracha y había fumado marihuana.

—Yo también, yo estaba igual —se defiende él.

—No voy a discutir esto con vos —dice airada—, y menos por teléfono, vos muy bien sabés cómo pasaron las cosas.

Si lo llamó fue para decirle que Aurelio no le había creido que fuera una violación y había dejado a Susana llorando, gritando, rasgándose los vestidos, arrancándose los pelos de la cabeza, esto último ya no se lo dice Luli, se lo imagina el Mono y no sobra decirlo, ahora mismo con bastante satisfacción. *No sé si lo que Luli pretendía era hacerme sentir mal para que me diera golpes de pecho ante Aurelio, que así volvería a Susana. Pero aunque me hubiera sentido mal, como de hecho me sentí, y hubiera querido ayudar en su reconciliación, cosa que dudo haber deseado alguna vez, Aurelio no me iba a dar esa oportunidad. Entró, me levantó y me puso el puño en toda la cara. A escasos cuatro milímetros del ojo izquierdo y sin tiempo de dar ni la más sucinta explicación. Un lindo despertar.*

Esa fue la primera venganza de Aurelio. La segunda,
comerse a Luli. O no sé si se la comió, pero en todo caso
andaban juntos para todos lados. Luli y Aurelio comiendo
mamoncillos en el centro comercial, Luli y Aurelio en
el Autocine, Luli y Aurelio cuchicheándose en el bar, se
los encontraba en todas partes, Luli y Aurelio hasta en la
sopa, *como si eso me pudiera doler,* dice el Mono Estrada.
Entonces, todo desdichado y abandonado yo, me hice a
una pollita pelinegra y ojibrotada de nombre Ana Cristina
que conocí en la universidad. Aurelio me la quitó, el muy
perro, esa fue la tercera venganza y sí me dolió porque no
era ni fea y la hembra ya me lo iba a dar. Entonces supe
que a ese man no se le podía presentar a ninguna hembra
de mis afectos, había que mantenerlas a todas a kilómetros
de distancia.

Desde entonces limité mi campo de acción a terrenos
hasta entonces inexplorados (aunque yo ya había hecho mis
primeros pinitos en Jardín Secreto) y vedados a la gente bien
de este lado de la ciudad, como él y yo, que estamos destinados
a relacionarnos exclusivamente con gente igual a nosotros.
Así fue como empezó mi gusto por lo barriobajero y sórdido
que hoy llena el vacío de mis días y me hace la vida más
soportable, como si fuera un chute de heroína.

El nuevo y humilde apartamento por el que pagan
arriendo los Monos Estrada no es nuevo pero tampoco
humilde. Por más bajo que quisiéramos cotizarlo, aun
aplicando los más severos criterios, no llegaríamos siquie-

ra a calificarlo de modesto. Es un apartamento que en su época debió haber sido lo más *trendy* de lo *trendy* en esta parte de la ciudad tan *trendy*. Acabados que felizmente hoy vuelven a encontrar un público. Espacioso. Iluminado. Y en cada cuarto un vestier con su baño renovado sin perder el estilo. *Decoroso y añejo,* ese sería el *slogan* de un agente de finca raíz justo y sin desesperaciones por cerrar el negocio, caso rarísimo en esta ciudad en crisis, aunque podría agregar sin estar prometiendo falsedades: *con ese encanto peculiar que guarda todo lo añejo*, porque tampoco se trata de espantar a la potencial clientela, últimamente tan escasa y venida a menos. Y con el mobiliario art decó y la inspiración creativa de Lucrecia de Estrada para darle vida a los espacios, el apartamento subiría bastantes puntos más.

El Mono cierra la puerta y baja los tres pisos por las escaleras. No hay ascensor. El Mono llega al sótano y enciende la Ford Explorer rojo Marlboro. Sigue bajando por el barrio de casas altivas hasta toparse con una gran avenida. Pero en vez de tomarla como le correspondería a un vehículo de este porte y alcurnia, el conductor lo fuerza a cruzarla y seguir bajando y bajando por el corredor estrecho de un barrio de casas malsanas, que lo único que tiene en común con el de arriba son los huecos que hay en las calles, así de venida a menos está la ciudad.

Frente a la única mansión lujosa de la cuadra hay una casa de dos pisos y medio con una puerta de vidrio casi subterránea, dos casas más abajo está la mía. Esa fue la indicación que le dio la gorda.

—Buenas noches, don Alcides.

Así también le dijo la gorda que saludara al viejo de la mecedora. La gorda sale del interior de la casa y se monta en la Ford Explorer rojo Marlboro.

—A la izquierda —dice la gorda y el Mono a la izquierda voltea—. A la derecha —dice ahora la gorda y el Mono a la derecha ahora voltea.

Es una gorda mandona pero a la gorda hay que complacerla porque tiene una zurda talentosísima. La gorda no dice nada y el Mono sigue derecho.

—Derecho —dice la gorda y el Mono ya suspira.

Es una gorda gasolinera, esto es lo que le gusta, que uno la pasee en carro por su barrio. Pero a la gorda hay que darle gusto porque, mientras tanto, ella le va jalando el caucho a uno. Lo que atrae al Mono, por supuesto, es la gorda y sus habilidades masturbadoras, pero también el peligro. Y no precisamente el peligro de estrellarse porque la gorda lo hace meter en contravía a cada rato. Ni tampoco el peligro de que le pongan un parte, en esta ciudad los policías de tránsito se tranzan por cualquier bagatela. Lo que lo atrae es el peligro de que lo atraquen.

En este barrio bajo viven malandros al servicio de los narcos. Lo sabemos por la presencia de aquella mansión lujosa en la cuadra de la gorda, y otras cuantas de la misma naturaleza, aquí y allá, que no hemos tenido ocasión de mencionar por estar el Mono más ocupado en suspirar, que en detallar las curiosidades del paisaje circundante. Y, en esta ciudad, ningún habitante de barrio bajo deja de ser pobre y modesto por su propia cuenta, sino que lo hace por obra y gracia de los narcos, lo que, a propósito, también vale para el caso inverso (ningún habitante de barrio alto deja de ser rico y respetable sino es por la voluntad de esos mismos y omnipotentes señores). Pero hoy en día ellos están en la cárcel y por eso mismo imposibilitados de proveer a sus malandros, si no del todo, casos se han visto en que siguen produciendo en las narices mismas de la ley a la que se han sometido, sí en las proporciones escandalosas a las que los tenían acostumbrados. Ríos de plata eran los que corrían por estas calles misérrimas. Ríos de plata que hoy se han secado. Pero como hay que seguir pagando los servicios públicos, si quieren seguir disfrutando de la pantalla de TV gigante y de los angelitos de piedra que vomitan y mean en la fachada, a los malandros les ha tocado volver a ejercer sus profesiones originales, que son las propias de todo malandro. A saber: desposeer al que tiene aquello que puede cambiarse entero o reducido en sus partes constituyentes en el mercado negro por dinero contante y sonante, por vía de la fuerza y haciendo uso de armas de fuego con propósitos intimidatorios, en cuyo manejo y táctica son diestros, por algo han sido tan apreciados y bien remunerados por los narcos.

Todo esto para decir que en este momento el Mono está en la mismísima guarida del hampa que tiene azotada a la ciudad con robos cada vez más frecuentes de vehículos y viviendas particulares, incluidos apartamentos y edificios enteros por más vigilancia privada, rejas y alarmas que tengan. *Mi Ford Explorer rojo Marlboro es lo que yo más quiero en la vida, ay sí me la quitan,* y por eso, amén de la gruesa muñeca zurda que lo sacude con fuerza, el Mono se encuentra excitadísimo.

–Mamámela –le pide a la gorda.

–Si no estás conforme con lo que te ofrezco llevame a la casa.

Es una gorda gasolinera y mostrona, lo que le gusta es que la vean.

–Sí estoy conforme.

–Llevame a la casa.

–Pero sí estoy conforme.

–Llevame a la casa.

–Por qué, si te dije que sí estoy conforme.

–QUE-ME-LLEVÉS-A-LA-CASA.

Es una gorda mandona e inflexible.

–Vení pasado mañana a la misma hora –ordena la gorda cuando se baja.

El Mono empieza a subir y subir por la misma calle estrecha por la que llegó. La gorda lo ha dejado iniciado y con un frustrante dolor de novio. Es verdad que el condimento peligro todavía subsiste y que le queda su propia muñeca. *Pero no es lo mismo sin la gorda*, dice el Mono que sigue subiendo y subiendo.

Mete la llave en la cerradura de su añejo y decoroso apartamento. Abre la puerta. El apartamento aparece prácticamente vacío. *Lo primero que se me ocurrió pensar fue que, para rematar, ahora nos habían embargado los muebles.* Pero no. Fueron unos malandros de barrio bajo los que se llevaron todo.

–Espantosos –dice Lucrecia de Estrada horrorizada no ya por el atraco, sino por la innoble presencia de los atracadores–. Había uno que tenía una cicatriz asquerosa en el pecho, ¿cómo es que se llaman esas cicatrices que no cicatrizan bien?

—Queloides –responde el Mono.

—Eso –dice Lucrecia de Estrada–. Y le sudaba y él se la rascaba, y amenazaba a tu papá con su propia pistola... *–una 7,75 Pietro Beretta lindísima que yo le había ayudado a elegir–*. Y le gritaba: arrodíllese, arrodíllese.

–¿Y te arrodillaste? –le pregunta el Mono Estrada menor a su viejo.

Pero es su mujer la que responde porque él se encuentra aún petrificado de miedo y sin habla en el banquito de la cocina, que le han traído para que se reponga a falta de mobiliario más digno, ya que todo se lo llevaron.

—Y qué otra cosa iba hacer.

Hacerse matar por ejemplo, dice el Mono. Pero no en voz alta.

—Bueno –dice Jose, que ha venido esta noche a animar la cosa–. Pero la dignidad no la hemos perdido.

Y consigue animar la cosa, porque al Mono Estrada mayor se le van restituyendo los colores, iluminando los ojos y soltando la lengua.

—Eso no –confirma–. Nosotros nunca recibimos ni un solo peso de los narcos.

Lucrecia de Estrada sonríe, le coge la mano y le da un beso. El Mono Estrada menor siente ganas de escupirles. *Perdimos la casa, los clientes, los muebles y libros y discos y electrodomésticos, hasta la 7,75 Pietro Beretta, porque todo eso nos quitaron, y para rematar nos les arrodillamos. Pero estos tres prefieren seguirse haciendo los de la vista gorda insistiendo en que nosotros de esa plata, nada, porque alguna vez les rechazamos unos cuantos cheques a los narcos, cuando la realidad es que todo lo que alguna vez tuvimos fue gracias a esa plata que sí aceptábamos siempre y cuando nos llegara dando rodeos y bien disimulada por el prestigio de la familia Domínguez Guerrero y la campaña Emilio contigo.* Pero no escupe.

–Me voy a dar una vuelta –dice.

El Mono Estrada mayor se levanta como un resorte de su banquito.

–Te acompaño, hijo.

Al viejo se le abrían los ojos pensando que nos íbamos en plan de putas, las cuales muy cariñosamente se encargarían de reponerle el sentido de hombría perdida.

–Vos te quedás aquí conmigo –ordena Lucrecia de Estrada–. Después de lo que pasó no me vas a dejar sola.

–Está Jose.

–Que no te vas dije.

Y el viejo volvió a su banquito de cocina con el rabo entre las piernas, como buen perro domesticado. Yo me senté en uno grande y de parque a ver el río. Estaba turbio y crecido. Iba a salirse de su cauce en cuanto se viniera abajo la lluvia que estaba gestándose. Iba a ensuciar las calles que ya estaban sucias por la última crecida. Entonces llegó una flaca buenona y se sentó en la banca contigua.

–¿Un baretico? –le pregunta el Mono.

–Bueno –dice ella.

Ya sé que nunca debía haberla llevado al bar donde la conoció Aurelio. Desde el primer momento le vi la criminal intención. Me miró la nuca, vio las heridas de amor que ella me había dejado. Sonrió. Torcido. Malevo. Y luego la miró a ella.

–Mucho gusto, yo soy Aurelio –*le dijo encantador, enredador.*

Ya sé que fue mi culpa. Pero es que cuando la hembrita se estaba vistiendo, le vi la angustia en la cara y me pareció que estaba toda desprotegida en la vida. Ella me había curado el dolor de novio que me había dejado la gorda. Ella era mi segunda virgencita y me había dejado las marcas de su entrega en la piel. No podía dejarla ahí, sola y perdida, en su apartamento, con ese dolor de culo que yo le había causado.

Cuando la Flaca vuelve del baño el Mono se adelanta tres pasos del grupo para recibirla.

–¿También te dio por el culo? –le pregunta maligno.

–¿De qué estás hablando?

–¿También él te dio por el culo?

–Idiota –le dice la Flaca con una expresión tan muerta que al Mono no le queda claro si es un sí o un no.

Es que ni siquiera me queda claro si a ella le queda claro que yo tengo claro que él es Aurelio y que sé que se la comió. Entonces la presiona otro poco.

–Flaca, me voy.

–Que te vaya muy bien –responde ella siguiendo de largo y uniéndose a Luli y al novio de Luli, a Susana y a Aurelio.

A Aurelio que está embebido en Susana. *La idiota es ella*, dice el Mono, *parece no darse cuenta de que él ya no la necesita. No sé por qué no se lo digo. Flaca, es que no te das cuenta de que ellos ya no nos necesitan. Flaca, fíjate cómo ellos dos se tienen. Flaca, mirá que nos dejaron solos, ya nos usaron, ya no les servimos de nada. Flaca, Flaca, Flaca, abrí los ojos, ojalá pudiera gritárselo, es que no te das cuenta de que vos y yo no nos tenemos sino a nosotros.*

La Flaca enciende un cigarrillo. Aurelio le pide con un gesto que le encienda también el suyo. El Mono no puede dejar de notar la sonrisa irónica de Aurelio cuando ve el encendedor que ella usa. *Malparido.* En seguida se vuelve para seguir hablando con su Susana, mientras que la Flaca permanece donde estaba. Al lado de él. Están muy cerca, sin embargo no pueden estar más lejos. El Mono ve la soledad a la que ha quedado reducida la Flaca. Un dolor seco le estruja el corazón. Pero él ya ha clavado su sentencia en los muros. Ahora no puede hacerse el desentendido y quedarse fingiendo que aquí no ha pasado nada.

Él no es Lucrecia de Estrada, *yo soy el Mono.*

El Mono da media vuelta y empieza a irse. Despacio. Tiene que confesar que espera que en cualquier momento la Flaca reaccione y venga a detenerlo. *Mono, no te vayás.* O bien: *Mono, me voy con vos.* Dos pasos y nada que esta mujer se decide. La salida está cerca, tiene que hacer esfuerzos para no devolverse y decirle: *Flacucha, venite conmigo.* Cuatro, y nada.

Regla 5: No enamorarse.

El Mono alcanza la salida y de pronto una voz de mujer lo llama desde adentro. Las mariposas en el estómago se le alborotan. Se vuelve. Pero no es la Flaca, al Mono se le mueren las mariposas.

—Mañana a las ocho sale mi documental por la tele —le dice Susana— no te lo podés perder.

El Mono se encoge de hombros.

–Yo sé que te va a interesar –insiste–, es sobre la muerte de un trasvestido, casi nadie sabia que era hombre pero los papás lo metieron al ataud con saco y corbata, unos hijueputas. Esa noche llovió durísimo, él odiaba la lluvia –se corrige–: ella.

El Mono hace un gesto cualquiera, *me-vale-culo*, parece que dijera. A él los travestis de la pantalla no le interesan, y menos si están muertos, a él sólo le interesa un travesti de carne y hueso que conoció hace años en Jardín Secreto y se llama Esa.

–¿Por qué te vas tan temprano? –le pregunta Susana.

El Mono hace otro gesto cualquiera.

–¿Te pasa algo?

El Mono ya no responde ni con un gesto cualquiera. *Para qué, ella sabe lo que me pasa y se siente culpable por haberme dicho lo de la Flaca y Aurelio. Por eso se vino detrás de mí, para que yo le tranquilice la conciencia. Pues no.*

–Chao –le dice con una indiferencia brutal.

–Chao –le contesta ella.

El Mono sigue su camino sin volver su mirada. La Ford Explorer rojo Marlboro no está parqueada muy lejos y la noche sigue quieta. Tal vez ahora sí encuentre a Esa. Puede que hasta le diga: *qué curioso, hace años conocí a un mono idéntico a vos. Contame de él,* le pediría el Mono Estrada menor y Esa diría: *era tremendo. ¿Peor que yo?,* preguntaría. *Peor que vos,* le respondería Esa.